# INTRODUÇÃO AO PLANEJAMENTO TRIBUTÁRIO

HUGO
DE BRITO
MACHADO

# INTRODUÇÃO AO PLANEJAMENTO TRIBUTÁRIO

**4ª edição**

REGULAMENTAÇÃO
**Reforma**
**TRIBUTÁRIA**
LC 214/2025

**Atualizador**
Schubert de Farias Machado

2025

EDITORA JusPODIVM | MALHEIROS EDITORES
www.editorajuspodivm.com.br

*1ª Edição: 03.2014; 2ª Edição: 05.2019; 3ª Edição: 03.2024.*

EDITORA *Jus*PODIVM | MALHEIROS EDITORES

www.editorajuspodivm.com.br

Rua Canuto Saraiva, 131 – Mooca – CEP: 03113-010 – São Paulo – São Paulo
Tel: (11) 3582.5757

**Contatos:** https://www.editorajuspodivm.com.br/central-de-relacionamento
malheiroseditores@terra.com.br



**Diagramação:** PC Editorial Ltda. (*pceditorial@gmail.com*)

**Capa:** Ana Caquetti

M149i Machado, Hugo de Brito
Introdução ao Planejamento Tributário / Hugo de Brito Machado – 4.ed., rev., atual. e ampl. - São Paulo: Editora JusPodivm, 2025.

192 p.

ISBN: 978-85-442-6026-5.

1. Direito Tributário. 2. Planejamento Tributário. I. Machado, Hugo de Brito. II. Título.

CDD 341.39

Bibliotecária Responsável
Ana Carolina Ribeiro Mois – CRB7 – RJ 007348/0



**4.ª ed.,** *2.ª tir.:* set./2025.

# SUMÁRIO

## *PREFÁCIO DO ATUALIZADOR À 4ª EDIÇÃO*

A reforma da tributação do consumo foi aprovada e está em processo de aplicação gradual. Assim, ao fazer mais uma atualização deste livro, pensamos que seria útil ao leitor se acrescentássemos considerações sobre essas novas regras que, de alguma forma, guardem relação com as lições do professor Hugo de Brito Machado.

Com esse objetivo, produzimos e incluímos como anexo a esta edição texto no qual destacamos alguns dispositivos da Emenda Constitucional nº 132/2023 e outros da Lei Complementar 214/2025, indicando as intersecções de cada um deles com o tema planejamento tributário.

## *PREFÁCIO DO ATUALIZADOR À 3ª EDIÇÃO*

Muito nos honra atualizar essa bela obra do professor Hugo de Brito Machado, que traz texto fundamental para o estudo do planejamento tributário. Traçado em estilo fluido e didático, leva o leitor a seguir até o fim sem esforço e com renovado interesse na conclusão de cada capítulo.

A qualidade do trabalho o mantém preciso e hodierno. Acrescentamos breves notas de atualização, referindo decisões do Supremo Tribunal Federal, proferidas depois da segunda edição deste livro, assim como a Emenda Constitucional nº 132, de 20 de dezembro de 2023 (Reforma Tributária), nos trechos que julgamos pertinentes.

Agradecemos a oportunidade que a Juspodivm/Malheiros nos dá para contribuir com a permanente divulgação do pensamento de Hugo Machado. O direito ao Planejamento Tributário é da maior importância e, por isso mesmo, a todo tempo merecedor de atenção.

Fortaleza, 5 de janeiro de 2024.

**SCHUBERT DE FARIAS MACHADO**

## *PREFÁCIO À 2ª EDIÇÃO*

Foi com satisfação que tomamos conhecimento de que a primeira edição desta pequena monografia está esgotada. Na verdade, é de grande importância o conhecimento de certas teses a respeito do planejamento tributário, a partir da que diz respeito à denominação mais adequada, posto que muitas são as utilizadas em nossa doutrina jurídica, até a de sua validade jurídica, isto é, da validade jurídica da conduta daquele que opta por determinada forma de exercer uma atividade econômica com o propósito de reduzir a sua carga tributária.

Outro assunto que não podemos deixar de abordar aqui é a complexidade e as constantes alterações de nossa legislação tributária, que a nosso ver constituem uma causa impeditiva do desenvolvimento econômico de nosso País. É que muitos empresários estrangeiros deixam de instalar empresas no Brasil exatamente por causa da complexidade e das constantes alterações de nossa legislação tributária, que ensejam enorme insegurança jurídica, e pela mesma razão muitos empresários brasileiros optam por instalar suas empresas em outros países.

Assim, é curioso observarmos que se a maior parte, senão todas as alterações de nossa legislação tributária, é feita com o objetivo de aumentar a arrecadação, o resultado que realmente acontece é exatamente o contrário, vale dizer, é o não aumento dessa arrecadação. Na verdade, com simplificação e maior estabilidade de nossa legislação tributária certamente ocorreria o crescimento de nossa economia e, em consequência, o aumento da arrecadação.

Esperamos que os titulares do poder em nosso país possam ver essa realidade, e procurem simplificar nossa legislação tributária e reduzir suas alterações.

Fortaleza, 20 de abril de 2019.

**HUGO DE BRITO MACHADO**

# *Capítulo I*

# *O DIREITO COMO SISTEMA DE NORMAS E A IMPORTÂNCIA DOS CONCEITOS*



## *1. A teoria como conjunto de conceitos*

### *1.1 Experiência e teoria*

O conhecimento pode ser adquirido através da experiência ou da teoria. No âmbito da Física e da Química a experiência tem enorme importância como fonte do conhecimento. No âmbito do Direito, porém, é razoável afirmar que o conhecimento se adquire especialmente através da teoria, que tem enorme importância em qualquer área do saber humano.

Mesmo quando se utiliza a experiência como instrumento para a transmissão do conhecimento, a teoria presta sempre significativa contribuição nessa tarefa, pois a cada passo a experiência deve ser explicada, e nessa explicação diversos conceitos são utilizados, porque sem eles seria extremamente difícil a compreensão do que se pode perceber através dos nossos sentidos. Por isto mesmo, aliás, é razoável dizer que a experiência não se confunde com a prática, porque pressupõe algum conhecimento teórico.

O conhecimento que se adquire com a utilização exclusiva ou predominante da prática é o denominado *conhecimento empírico*. Tratando-se do Direito, não podemos aceitar a ideia, infelizmente ainda presente em muitos estudantes, de que o importante é a prática, e por isto não lhes interessa a teoria.

### *1.2 Teoria e prática como instrumentos complementares*

Na verdade, a teoria é o instrumento ideal para a transmissão do conhecimento. Entretanto, como cada afirmação, ou tese, deve ser comprovada, a prática ganha sua importância, porque se presta para essa comprovação. Por isto mesmo nos parece que na transmissão do conhecimento a teoria deve ser complementada com a prática. Uma, sem a outra, não nos permite ter um conhecimento seguro de nenhum objeto, especialmente do Direito.

Como ensina José de Albuquerque Rocha, a teoria é um conjunto de conceitos, e por isto mesmo não se pode conhecer, ensinar ou apreender qualquer teoria sem a compreensão adequada dos conceitos dos quais se compõe. Em suas palavras:

> Teoria é um corpo de *conceitos sistematizados* que nos permite conhecer um dado domínio da realidade. A teoria não nos dá um conhecimento direto e imediato de uma realidade concreta, mas nos proporciona os meios (os conceitos) que nos permitem conhecê-la. E os meios ou instrumentos que nos permitem conhecer um dado domínio da realidade são justamente os conceitos que, sistematizados, formam a teoria. Daí a definição de teoria como um corpo de conceitos sistematizados que nos permite conhecer um dado domínio da realidade.[1]

---

1. José de Albuquerque Rocha, *Teoria Geral do Processo*, 6ª ed., São Paulo, Malheiros Editores, 2002, p. 17.

É certo – repita-se – que o conhecimento da teoria não dispensa a experimentação e que somente com esta é que teremos oportunidade de conhecer os inconvenientes de uma mudança que a teoria eventualmente recomenda. Neste sentido, Norbert Rouland, no pórtico do primeiro capítulo de sua excelente obra *Nos Confins do Direito*, transcreve pensamento atribuído a Portalis, consubstanciando advertência para a necessidade da experimentação daquilo que à luz da teoria pode parecer irrecusável. Tal pensamento está assim expresso:

> O legislador não deve perder de vista que as leis são feitas para os homens, e não os homens para as leis; que devem ser adaptadas ao caráter, aos hábitos, à situação, do povo para o qual são feitas; que cumpre ser sóbrio de novidades em matéria de legislação, porque, se é possível, numa instituição nova, calcular as vantagens que a teoria nos oferece, não o é conhecer todos os inconvenientes que apenas a prática pode descobrir.[2]

A rigor, todavia, o que a prática nos revela não é senão aquilo que ainda não conhecíamos em razão de ser incompleta ou equivocada a teoria que havíamos aprendido. Podemos, então, concluir que a importância da teoria não significa que ela é sempre completa. Nem que ela é sempre isenta de equívocos. Pode albergar lacunas, falhas ou equívocos que a prática nos vai revelar. E isto nos levará, então, a fazer a complementação da teoria. Ou alguma correção. Jamais nos dirá que ela é prescindível.

### *1.3 Os conceitos na Teoria do Direito*

É assim em qualquer teoria. Mesmo naquelas em que os conceitos são em geral correspondentes a realidades físicas, concretas, palpáveis. Na Física, na Química, na Biologia, como em qualquer outro domínio da realidade, a teoria, enquanto conjunto sistematizado de conceitos, é sempre da maior importância para a transmissão do conhecimento, embora a prática possa ajudar na complementação e, mesmo, na eventual correção dessas teorias. E até se pode, mesmo, dizer que, sob certo aspecto, a teoria é sempre construída a partir da experimentação. No Direito, porém, a importância da teoria é muito maior. E por isto mesmo na linguagem jurídica devemos ter muito cuidado com as palavras. É o que ensina Bielsa:

2. Norbert Rouland, *Nos Confins do Direito*, trad. de Maria Ermantina de Almeida Prado Galvão, São Paulo, Martins Fontes, 2003, p. 1.

> Todo examen del vocabulario jurídico que contribuya a la aclaración y a la depuración de los conceptos debe estimarse como útil en algún grado. Si hay una disciplina en la cual conviene emplear la palabra adecuada o propia, ella es la del Derecho. Tanto en el orden legislativo como en el judicial – y no digamos en el administrativo – esta precaución es indispensable aunque sólo sea para evitar controversias o discusiones que surgen precisamente de la confusión y duda sobre un término.[3]

Aliás, conforme ensina o eminente Professor argentino, na linguagem jurídica chega a ser preferível a repetição de uma palavra no texto ou discurso do que a utilização de um sinônimo nem sempre adequado:

> En trance de tener que repetir la misma palabra en el discurso o exposición, algunos recurren a otras que consideren sinónimos, y que no lo son; y esta promiscuidad de uso es lamentable; en homenaje a la variedad o por un injustificado recelo a la monotonía, falsean conceptos y emplean palabras impropias.[4]

Como temos feito há muitos anos,[5] seguimos lembrando a advertência de Paulo de Barros Carvalho no sentido de que "qualquer trabalho jurídico de pretensões científicas impõe ao autor uma tomada de posição no que atina aos conceitos fundamentais da matéria em que labora, para que lhe seja possível desenvolver seus estudos dentro de diretrizes seguras e satisfatoriamente coerentes".[6]

Por outro lado, os conceitos merecem especial cuidado para que se possa preservar o critério hierárquico na solução de possíveis antinomias no sistema jurídico. Especialmente quando se trata da elaboração normativa, porque o Direito é um sistema de normas organizado hierarquicamente, e a preservação da hierarquia entre as diversas normas que o integram exige que na elaboração de uma norma sejam sempre considerados e respeitados os conceitos utilizados em normas de hierarquia superior, porque sem isto a superioridade hierárquica praticamente deixa de existir.

---

3. Rafael Bielsa, *Los Conceptos Jurídicos y su Terminología*, 3ª ed., Buenos Aires, Depalma, 1987, p. 9.

4. Idem, p. 11.

5. Hugo de Brito Machado, "Lei complementar tributária", in Ives Gandra da Silva Martins (coord.), *Lei Complementar Tributária*, São Paulo, Resenha Tributária/Centro de Estudos de Extensão Universitária, 1990, p. 454.

6. Paulo de Barros Carvalho, *Teoria da Norma Tributária*, 2ª ed., São Paulo, Ed. RT, 1981, p. 19.

## *1.4 Os conceitos na Teoria do Direito Tributário*

Assim como se fala da Teoria Geral do Direito, podemos falar também da Teoria Geral do Direito Tributário. Dúvida não pode haver de que esse domínio da realidade, que é o direito tributário, só será conhecido se dispusermos de um corpo sistematizado de conceitos, vale dizer, de uma teoria, que nos permita esse conhecimento. Ressalte-se que um corpo de conceitos, para ser uma teoria – isto é, para ser útil na transmissão do conhecimento –, há de ser sistematizado. E com José de Albuquerque Rocha podemos entender, sem prejuízo dos diversos significados que tem a palavra "sistematizar", que ela significa, para os fins deste nosso estudo, "imprimir uma ordem na exposição de um conjunto de conhecimentos, de forma a torná-lo coerente".[7]

Assim, para que se possa conhecer o direito tributário, como um domínio da realidade que é, precisamos de uma teoria, que é constituída por um corpo *sistematizado* de conceitos. E essa sistematização, que dá coerência ao conjunto de conceitos, se faz ainda mais importante na teoria jurídica, porque as normas que integram o *sistema* jurídico estão organizadas hierarquicamente.

No âmbito do direito tributário talvez não tenha havido muito interesse pelo estudo da Teoria Geral do Direito, e daí tenha decorrido a necessidade de regras contendo definições legais e de regras como a que está no art. 110 do CTN.

## *1.5 As definições legais*

Realmente, as definições legais são necessárias sempre que se está diante de conceitos não suficientemente conhecidos ou não suficientemente trabalhados na doutrina jurídica. Assim é que, referindo-se ao art. 3º do CTN, afirmou Geraldo Ataliba:

> Já fui dos que criticaram o Código, por conter noções doutrinárias, mas hoje me rendo inteiramente à argumentação do professor Rubens, há alguns anos atrás, num curso, aliás, a meu convite, aqui na Universidade Católica, quando ele muito bem demonstrou, para a correta aplicação do Código, a necessidade, em primeiro lugar, de termos de referência dos seus mandamentos e, em segundo lugar, a inequívoca utilidade prática de tais termos. Disse então uma frase de grande alcance, que foi decisiva no convencimento de todo o auditório: "Se isto hoje não é mais necessário, eu me felicito com o Brasil; se continuar sendo necessário, não há razão para

7. José de Albuquerque Rocha, *Teoria Geral do Processo*, cit., 6ª ed., p. 18.

retirar". Isto, para mim, é razão suficiente para acolher definitivamente não só esta definição, como todas as outras que se contêm no Código.[8]

E o Código Tributário Nacional realmente contém várias outras importantes definições, como as de "imposto",[9] "renda e proventos de qualquer natureza",[10] "poder de polícia",[11] "legislação tributária"[12] – entre muitas outras. Além disto, o Código contém regras que simplesmente explicitam o que teria de ser em face da hierarquia das normas que integram o sistema, como é o caso da que está em seu art. 110, que vamos, a seguir, examinar.

## *1.6 O art. 110 do CTN e o equívoco de seus comentadores*

O art. 110 do CTN estabelece que:

> Art. 110. A lei tributária não pode alterar a definição, o conteúdo e o alcance de institutos, conceitos e formas de direito privado, utilizados, expressa ou implicitamente, pela Constituição Federal, pelas Constituições dos Estados, ou pelas Leis Orgânicas do Distrito Federal e dos Municípios, para definir ou limitar competências tributárias.

Alguns comentadores do Código Tributário Nacional referem-se a esse dispositivo como se fosse ele um delimitador da ação do legislador ordinário no que tange aos conflitos entre o direito tributário e o direito privado.[13] Até o mestre Aliomar Baleeiro, embora tenha afirmado, com inteira propriedade, que "a menção constitucional fixa limites rígidos",[14] parece não haver escapado ao equívoco, lecionando:

> A redação vitoriosa no texto do Código Tributário Nacional, conquanto fiel à ideia originária, pôs em primeiro plano a preponderância do direito privado no campo que aquele diploma lhe reconhece.[15]

---

8. Rubens Gomes de Sousa, Geraldo Ataliba e Paulo de Barros Carvalho, *Comentários ao Código Tributário Nacional*, São Paulo, EDUC/Ed. RT, 1975, pp. 34-35.

9. CTN, art. 16.

10. CTN, art. 43.

11. CTN, art. 78.

12. CTN, art. 96.

13. José Washington Coelho, *Código Tributário Nacional Interpretado*, Rio de Janeiro, Edições Correio da Manhã, 1968, pp. 111-112.

14. Aliomar Baleeiro, *Direito Tributário Brasileiro*, 10ª ed., Rio de Janeiro, Forense, 1993, p. 444.

15. Idem, p. 445.

Washington Coelho chega a afirmar, taxativo:

> A lei tributária só não pode alterar a definição, o conteúdo e o alcance de institutos, conceitos e formas de direito privado, utilizados pela Constituição Federal, pelas Constituições dos Estados, ou pelas Leis Orgânicas do Distrito Federal ou dos Municípios quando definam ou limitem competências tributárias. Fora desses casos, conclui-se que pode. Também pode quando se tratar de outros diplomas legais, como, *v.g.*, Código Civil, Código Comercial etc.[16]

Mesmo os que afirmam a prevalência dos institutos de direito privado o fazem como se tal resultasse da norma do Código Tributário Nacional,[17] postura que se observa também na jurisprudência, inclusive em julgados do STF.[18]

Há, todavia, um equívoco nas lições desses comentadores, pois, na verdade, o art. 110 do CTN é simples explicitação do que mesmo em sua ausência se tem de entender em decorrência da supremacia constitucional. Nele não se trata de superar conflitos entre o direito tributário e o direito privado, mas de afirmar a supremacia da Constituição.

A lei não pode alterar os conceitos utilizados pela Constituição, pois isto seria uma forma indireta de invadir a ordem normativa hierarquicamente superior. Ruy Barbosa Nogueira ensina, com inteira propriedade:

> A disposição do art. 110 tem conexão com a matéria tratada no art. 109, mas na verdade não constitui propriamente regra de interpretação. É antes uma proibição e orientação dirigidas ao legislador ordinário, pois reza que "a lei tributária não pode alterar a definição, o conteúdo e o alcance de institutos conceitos e formas de direito privado utilizados, expressa ou implicitamente, pela Constituição Federal, pelas Constituições dos Estados, ou pelas Leis Orgânicas do Distrito Federal ou dos Municípios, para definir ou limitar competências tributárias".
>
> Por outras palavras, significa que a matéria de *competência* é constitucional, e a lei ordinária não pode nem mesmo por essa forma *indireta* defini-la ou limitá-la. Também *a contrario sensu* o dispositivo deixa entendido que a lei tributária, respeitando a reserva constitucional e obedecendo

---

16. José Washington Coelho, *Código Tributário Nacional Interpretado*, cit., p. 111.

17. Láudio Camargo Fabretti, *Código Tributário Nacional Comentado*, 3ª ed., São Paulo, Atlas, 2001, p. 140.

18. STF, Plenário, RE 94.580-RS, rel. Min. Djaci Falcão, j. 30.8.1984, *DJU* 7.6.1985, p. 8.890, citado em *Código Tributário Nacional Interpretado*, publicação do Gabinete da *Revista do TRF-1ª Região*, São Paulo, Saraiva, 1995, p. 86.

às atribuições constitucionais, pode em certos casos modificar e adotar, *para fins tributários*, institutos conceitos e formas de direito privado. Neste caso passarão assim modificadas para o direito tributário. Aliás, na redação do Projeto esse dispositivo correspondia ao parágrafo único do art. 76, que dizia: "A lei tributária poderá modificar expressamente a definição, conteúdo e alcance próprios dos institutos, conceitos e formas a que se refere este artigo, salvo quando expressa ou implicitamente utilizados na Constituição (...)".[19]

Note-se que o art. 110 do CTN refere-se a definições, conceitos e formas. Não se há de limitar seu alcance, portanto, aos casos em que a norma da Constituição tenha formulado uma definição. Basta que tenha utilizado um conceito ou uma forma de direito privado. Ou um conceito qualquer, de qualquer área do conhecimento jurídico, ou do conhecimento não jurídico. Esse conceito não poderá ser alterado pela lei ordinária porque – repita-se – a norma do art. 110 do CTN é mera explicitação.

### *1.7 A norma do art. 110 como simples explicitação*

A norma do art. 110 na verdade não passa de simples explicitação do princípio da supremacia constitucional. Pudesse a lei ordinária alterar os conceitos utilizados nas normas da Constituição, poderia o legislador ordinário, por essa via, alterar a Constituição, modificando o sentido e o alcance de qualquer de suas normas. Sobre o assunto já escrevemos:

> Se um conceito jurídico, seja legal ou doutrinário, é utilizado pela Constituição, não poderá ser alterado pelo legislador ordinário, nem muito menos pelo intérprete. O art. 110 do CTN determina que "a lei tributária não pode alterar a definição, o conteúdo e o alcance de institutos, conceitos e formas de direito privado, utilizados, expressa ou implicitamente, pela Constituição Federal, pelas Constituições dos Estados, ou pelas Leis Orgânicas do Distrito Federal ou dos Municípios, para definir ou limitar competências tributárias". Não o pode a lei, vale repetir, nem muito menos o intérprete. A razão é simples. Se a Constituição referiu-se a um instituto, conceito ou forma de direito privado para definir ou limitar competências tributárias, obviamente esse elemento não pode ser alterado pela lei. Se a Constituição fala de *mercadoria* ao definir a competência dos Estados para instituir e cobrar o ICMS, o conceito de *mercadoria* há de ser o existente no direito comercial. Admitir-se que o legislador pudesse modificá-lo seria permitir ao legislador alterar a própria Constituição Federal, modificando as competências tributárias ali definidas.

---

19. Ruy Barbosa Nogueira, *Curso de Direito Tributário*, 13ª ed., São Paulo, Saraiva, 1994, pp. 104-105.

> Não se há de exigir que a Constituição tenha estabelecido a definição, o conteúdo e o alcance dos institutos, conceitos e formas para que estes sejam inalteráveis pelo legislador. Basta que tenha utilizado um instituto, um conceito ou uma forma de direito privado para limitar a atividade adaptadora do legislador. Se a Constituição estabelecesse um conceito, evidentemente este seria inalterável pelo legislador, independentemente da regra do Código Tributário Nacional.
>
> Aliás, o art. 110 do CTN tem na verdade um sentido apenas didático, meramente explicitante. Ainda que não existisse, teria de ser como nele está determinado.
>
> Admitir que a lei ordinária redefina conceitos utilizados por qualquer norma da Constituição é admitir que a lei modifique a Constituição. É certo que a lei pode, e deve, reduzir a vaguidade das normas da Constituição, mas, em face da supremacia constitucional, não pode modificar o significado destas.[20]

Essa questão é analisada com acuidade por Valdir de Oliveira Rocha, que, depois de transcrever a norma do art. 110 do CTN, assevera:

> Resta saber se a lei tributária poderá, então, alterar o conteúdo e o alcance dos conceitos jurídicos que não são do direito privado (ou nesse campo não se encontram devidamente elaborados). Se o conceito se encontra (expressa ou implicitamente) determinado pela própria Constituição, com mais razão não há que se admitir sua alteração pela lei tributária, para definir ou limitar competências. Se, de outro modo, o conceito jurídico é usado pela Constituição ainda que indeterminadamente, isto é, com um núcleo conceitual (de determinação) e um halo conceitual (de indeterminação), há de se admitir a sua determinação pelo legislador complementar (em certas circunstâncias) ou ordinário, mas não a sua alteração para "definir" ou "limitar" (ampliando ou estreitando) competências. Alterar, mesmo que determinando, já não é conferir determinação ao conceito, é modificá-lo.[21]

O art. 110 do Código, na verdade, reflete a notável visão do grande mestre Rubens Gomes de Sousa, que já à época em que produziu o Anteprojeto desse importante diploma legal, quando no Brasil a doutrina do direito constitucional era ainda quase nenhuma, cuidou de preservar a supremacia constitucional com esse dispositivo que tem prestado relevantes serviços na formação do pensamento jurídico nacional, como

---

20. Hugo de Brito Machado, *Curso de Direito Tributário*, 34ª ed., São Paulo, Malheiros Editores, 2013, p. 113.

21. Valdir de Oliveira Rocha, *Determinação do Montante do Tributo*, 2ª ed., São Paulo, Dialética, 1995, pp. 22-23.

reconhece Sérgio Feltrin Corrêa ao afirmar que "o legislador atuou com particular sabedoria ao registrar e impor as limitações constantes do art. 110. Ora, sendo impossível redefinir por lei conceitos postos em sede constitucional, risco não haverá de ver-se a Carta sem cautelas e processos que lhe são próprios, alvo de alterações".[22]

Cuida-se de norma que em sede de teoria jurídica pode ser considerada desnecessária mas que, na prática, tem-se revelado de grande utilidade. Não fora ela, a doutrina e a jurisprudência no Brasil talvez tivessem claudicado em tema de tanto relevo. Aliás, o que apontamos como equívoco – vale dizer, a consideração do art. 110 do CTN como norma que impede a alteração de conceitos da Constituição pelo legislador ordinário – bem revela sua necessidade. Sem aquele fruto da notável visão de Rubens Gomes de Sousa talvez tivesse prevalecido a ideia de que o legislador ordinário pode alterar, para fins tributários, os conceitos de direito privado, mesmo quando utilizados pela Constituição para definir ou limitar competências tributárias.

Hoje já não se pode ter dúvida de que o art. 110 do CTN é simples explicitação da supremacia constitucional, posto que desta é que, na verdade, resulta a inalterabilidade dos conceitos utilizados pela Lei Maior. Inalterabilidade que, evidentemente, não está restrita à matéria tributária. Nenhum conceito utilizado em norma da Constituição pode ser alterado pelo legislador ordinário para, por via oblíqua, alterar a norma de superior hierarquia.

Neste sentido é a lição autorizada de Valdir de Oliveira Rocha, que, referindo-se ao art. 110 do CTN, ensina:

> Este artigo do Código, aliás, contém preceito meramente didático (e nem por isto inútil). Tanto isso é verdadeiro que não pode, *em sua essência* (ainda que em suas palavras possa), ser revogado por outra norma geral em matéria de legislação tributária contida em lei complementar, porque resulta implícita na Constituição.[23]

A rigor, e em síntese, a inalterabilidade dos conceitos utilizados na Constituição resulta simplesmente da necessidade de se fazer efetiva a supremacia constitucional. Ou, de um modo mais geral, a hierarquia do

22. Sergio Feltrin Corrêa, *Código Tributário Nacional Comentado*, São Paulo, Ed. RT, 1999, p. 468.

23. Valdir de Oliveira Rocha, *Determinação do Montante do Tributo*, cit., 2ª ed., p. 24.

sistema normativo, pois sem o respeito pelos conceitos albergados em norma superior – vale dizer, se tais conceitos pudessem ser alterados pela norma inferior – não se poderia, mesmo, falar em hierarquia.

**Nota de atualização:** A Emenda Constitucional nº 132, de 20 de dezembro de 2023, trouxe importante mudança em relação ao modo de traçar o âmbito constitucional de incidência tributária até então utilizado em nossas constituições. Passou a adotar conceitos de imensa amplitude e delegou ao legislador complementar a competência para delimitá-los. Na definição do âmbito de incidência do Imposto sobre Bens e Serviços – IBS se refere a *"operações com bens materiais ou imateriais, inclusive direitos, ou com serviços"*, e em seguida delega ao legislador complementar a competência para *"estabelecer o conceito de operações com serviços, seu conteúdo e alcance, admitida essa definição para qualquer operação que não seja classificada como operação com bens materiais ou imateriais, inclusive direitos."* (art. 156-A, § 8º). Para o Imposto Seletivo – IS aponta como âmbito de incidência a *"produção, extração, comercialização ou importação de bens e serviços prejudiciais à saúde ou ao meio ambiente, nos termos de lei complementar."* (art. 153, VIII). A Contribuição sobre Bens e Serviços, por sua vez, poderá incidir sobre *"bens e serviços, nos termos de lei complementar"* (art. 195, V).

### *1.8 O princípio da supremacia constitucional*

Todos falam em supremacia da Constituição. Nos tratados e nas escolas de Direito todos ensinam, e todos aprendem, que a Constituição é a *Lei das Leis*. A *Lei Suprema*. A *Carta Magna*. Na prática, todavia, a situação é outra. Poucos são os que extraem e respeitam as consequências dessa ideia-força tão importante para a organização sociopolítica das Nações.

Inúmeros exemplos podem ser citados nos quais se nega a supremacia constitucional, seja pela simples desconsideração da norma da Constituição, seja pelo argumento de que tal norma está a depender de regulamentação, de que a norma da Constituição é meramente programática ou, ainda que pelo emprego de interpretação canhestra, que amesquinha seu alcance. Em muitos casos resta evidente que, na prática, valem muito mais as leis, e até as normas infralegais, do que a Constituição. A supremacia desta, portanto, infelizmente, tem sido simplesmente retórica.

É importante, porém, que se modifique essa mentalidade, porque a supremacia constitucional é o mais adequado caminho para a realização dos princípios fundamentais do Direito e para a preservação da própria unidade do sistema jurídico, impondo-se, assim, ao intérprete de qualquer norma jurídica, como diretriz fundamental que é.

Neste sentido é notável a lição de Enterría:

> La supremacía de la Constitución sobre todas las normas y su carácter central en la construcción y en la validez del ordenamiento en su conjunto obligan a interpretar éste en cualquier momento de su aplicación – por operadores públicos o por operadores privados, por tribunales o por órganos legislativos o administrativos – en el sentido que resulta de los principios y reglas constitucionales, tanto los generales como los específicos a la materia de que se trate.
>
> Este principio es una consecuencia derivada del carácter normativo de la Constitución y de su rango supremo y está reconocido en los sistemas que hacen de ese carácter un postulado básico. Así, en Estados Unidos, todas las leyes y los actos de la Administración han de interpretarse *in harmony with the Constitution*; en Alemania el mismo principio impone *die verfassungskonforme Auslegung von Gesetzen*, la interpretación de las leyes conforme a la Constitución. En ambos casos, como prácticamente en todos los Países con justicia constitucional, el principio es de formulación jurisprudencial.[24]

Outra não tem sido a postura dos mais notáveis juristas brasileiros, para os quais, ainda quando a norma da Constituição seja simplesmente programática, tem-se de considerá-la como elemento valioso na interpretação. Os valores incorporados nas normas da Constituição devem servir como balizas para o intérprete de toda e qualquer norma do sistema jurídico. "Mesmo quando genérica ou programática, a norma constitucional possui, em algum grau, eficácia e operatividade."[25]

Por outro lado, a supremacia constitucional é a única garantia que o Direito pode oferecer contra o arbítrio do Estado, especialmente quando este se expressa através de lei. Com inteira propriedade, assevera o eminente constitucionalista José Celso de Mello Filho, então Presidente do STF:

---

24. Eduardo García de Enterría, *La Constitución como Norma y el Tribunal Constitucional*, Madri, Civitas, 1991, p. 95.

25. Teori Albino Zavascki, "O Ministério Público e a defesa de direitos individuais homogêneos", *Revista Jurídica* 189/28, Porto Alegre, Síntese.

> O poder absoluto exercido pelo Estado, sem quaisquer restrições e controles, inviabiliza, numa comunidade estatal concreta, a prática efetiva das liberdades e o exercício dos direitos e garantias individuais ou coletivos. É preciso respeitar, de modo incondicional, os parâmetros de atuação delineados no texto constitucional. Uma Constituição escrita não configura mera peça jurídica, nem é simples estrutura de normatividade e nem pode caracterizar um irrelevante acidente histórico na vida dos Povos e das Nações. Todos os atos estatais que repugnem à Constituição expõem-se à censura jurídica – dos tribunais, especialmente –, porque são írritos, nulos e desvestidos de qualquer validade. A Constituição não pode submeter-se à vontade dos Poderes constituídos e nem ao império dos fatos e das circunstâncias. A supremacia de que ela se reveste – enquanto for respeitada – constituirá a garantia mais efetiva de que os direitos e as liberdades não serão jamais ofendidos. Ao STF incumbe a tarefa, magna e eminente, de velar por que essa realidade não seja desfigurada.[26]

Não se deve, outrossim, deixar de aplicar a norma da Constituição ao argumento de ser a mesma carente de regulamentação. Como ensina Zavascki, com inteira propriedade, "deixar de observar a norma constitucional ao argumento de que não é autoaplicável, porque carece de regulamentação infraconstitucional, implica atribuir ao Poder Legislativo a pecha de inconstitucionalidade por omissão".[27]

Irreprochável, portanto, a doutrina de Carlos Maximiliano ao sustentar que "todas as presunções militam a favor da constitucionalidade da 'omissão', vale dizer, a favor da autoaplicabilidade dos preceitos constitucionais. Se a falta de condições de imediata aplicabilidade não estiver acima de toda dúvida razoável, interpreta-se e resolve-se pela desnecessidade da ação legislativa. Entre duas exegeses possíveis, opta-se pela autoaplicabilidade. O STF só declarará a inconstitucionalidade por omissão quando for evidente, sem margem de dúvida séria, a necessidade de norma regulamentar do preceito maior. Entre duas interpretações razoáveis, opta-se pela que afirme a ausência de inconstitucionalidade por omissão. A bem da harmonia e do mútuo respeito que devem reinar entre os Poderes, o Judiciário só proclamará a omissão do

---

26. Da ementa do acórdão unânime do STF, Pleno, ADI/ML 293-7600-DF, rel. Min. Celso de Mello, j. 6.6.1990, *DJU* 16.4.1993, p. 6.429, e *IOB* 10/193, 1993, texto 1/6.203.

27. Teori Albino Zavascki, "O Ministério Público e a defesa de direitos individuais homogêneos", cit., *Revista Jurídica* 189/28.

Legislativo quando esta implicar claramente falta de cumprimento de sua missão constitucional".[28]

Atento, pois, à supremacia constitucional, temos entendido que o legislador ordinário não é inteiramente livre para formular o conceito tributário de renda, nem pode livremente determinar quais elementos materiais devem ser considerados ou desconsiderados na determinação da base de cálculo do imposto sobre a renda.

Na verdade, não pode o legislador ordinário alterar nenhum dos conceitos que a Constituição utiliza para definir ou limitar as competências tributárias. Nos anos 1960 a Comissão de Juristas que elaborou o Anteprojeto do atual Código Tributário Nacional considerou necessário que esse importante diploma legal o dissesse expressamente, porque a cultura jurídica nacional ainda não tinha disto firme consciência. Hoje, porém, conforme temos ensinado, o art. 110 do CTN, no qual se cristalizou aquela importante lição de doutrina jurídica, tem, na verdade, sentido apenas didático, meramente explicitante. E não pode ser de outro modo, porque admitir que a lei ordinária redefina conceitos utilizados por qualquer norma da Constituição é admitir que a lei ordinária modifique a Constituição.[29]

Realmente, a supremacia constitucional exige que o legislador ordinário respeite os conceitos jurídicos utilizados pela Lei Maior, pena de estar sendo esta, por via indireta, violada.

## 2. *O direito positivo ou ordenamento jurídico*

### *2.1 O Direito como ordenamento ou sistema de normas*

É difícil definir *ordenamento jurídico*, porque definir seja o que for é sempre uma tarefa muito difícil. Essa dificuldade já foi muito bem demonstrada por Gustav Radbruch a propósito da definição de "mesa",[30]

---

28. Teori Albino Zavascki, "O Ministério Público e a defesa de direitos individuais homogêneos", cit., *Revista Jurídica* 189/29.

29. Hugo de Brito Machado, *Curso de Direito Tributário*, cit., 34ª ed., p. 113.

30. É a lição de Gustav Radbruch (*Filosofia do Direito*, 5ª ed., trad. do professor Luis Cabral de Moncada, Coimbra, Arménio Amado Editor, 1974, pp. 44-45): "Que o Direito é obra dos homens e que, como toda a obra humana, só pode ser compreendido através da sua ideia, é por si mesmo evidente. Reconheceremos isto mesmo, se tentarmos definir qualquer obra humana, por mais simples que seja – por exemplo, uma mesa –, sem tomarmos em consideração, primeiro que tudo, o fim para o qual ela foi feita. Uma mesa pode, sem dúvida, definir-se como uma prancha assente sobre quatro pernas. E, contudo, se dermos esta definição de mesa logo

um objeto muito simples e de todos bastante conhecido. Mas é inegável que, embora nos seja difícil formular uma definição, todos temos uma ideia razoavelmente precisa do que é o ordenamento jurídico.

Realmente, as pessoas medianamente informadas sabem que existem Nações e que estas são delimitadas por um conjunto de normas jurídicas. Neste sentido fala-se do direito positivo de cada Nação. E a ideia que se tem de *ordenamento jurídico* é precisamente essa ideia de conjunto de normas jurídicas que confere identidade à Nação. Neste sentido, a ideia de ordenamento jurídico se confunde com a ideia de direito positivo, e pode confundir-se com a ideia de Estado. Por isto mesmo, Hans Kelsen, um dos expoentes do Positivismo Jurídico, desenvolveu sedutora argumentação para afirmar a identidade entre o Estado e o Direito. Para ele o Estado é uma ordem jurídica relativamente centralizada.[31] E na tese em que sustenta a identidade entre o Direito e o Estado diz, em síntese, que:

> A população do Estado é o domínio pessoal de vigência da ordem jurídica estadual.
>
> (...).
>
> O chamado território do Estado apenas pode ser definido como o domínio espacial de vigência de uma ordem jurídica estadual.

Ensina, ainda, que:

---

surgirá a seguinte dificuldade: há mesas que não têm quatro pernas, mas têm três, duas, uma perna só, e há as até sem pernas, como as dobradiças, por forma que só vem afinal a constituir elemento essencial do conceito de mesa a ideia de prancha. Esta, porém, também não se distingue de qualquer outra tábua, ou grupo de tábuas reunidas, a não ser pela sua finalidade. E assim chegaremos à conclusão de que o respectivo conceito, o conceito de mesa, por último, só pode definir-se dizendo que mesa é um móvel que serve para sobre ele se colocarem quaisquer objetos destinados às pessoas que em torno dele podem vir a achar-se. Não pode, portanto, haver uma justa visão de qualquer obra ou produto humano se abstrairmos do fim para que serve e do seu valor. Uma consideração cega aos fins, ou cega aos valores, é pois aqui inadmissível, e assim também a respeito do Direito ou de qualquer fenômeno jurídico. Do mesmo modo, por exemplo, uma ciência natural do crime, como pretendeu construí-la a Antropologia Criminal, só é possível depois de se ter substituído a um conceito de crime, referido a valores jurídicos, um conceito naturalístico de crime. Seria um milagre extraordinário – produto duma espécie de harmonia preestabelecida entre dois modos totalmente diversos de contemplar a realidade, que ninguém suspeitaria possível – se um conceito formado com referência a valores, como o de direito ou o de crime, pudesse coincidir com um conceito naturalístico obtido através duma contemplação não valorativa (*wertblind*) das coisas".

31. Hans Kelsen, *Teoria Pura do Direito*, 3ª ed., trad. de João Baptista Machado, Coimbra, Arménio Amado Editor, 1974, p. 385.

O poder do Estado não é uma força ou instância mística que esteja escondida detrás do Estado ou do seu Direito. Ele não é senão a eficácia da ordem jurídica.

E conclui, então:

Desta forma, o Estado, cujos elementos essenciais são a população, o território e o poder, define-se como uma ordem jurídica relativamente centralizada, limitada no seu domínio espacial e temporal de vigência, soberana ou imediata relativamente ao Direito Internacional e que é, globalmente ou de um modo geral, eficaz.[32]

Essa tese de Kelsen explica-se, como observa Legaz y Lacambra, por ser a existência do Estado inseparável da existência de um ordenamento jurídico. No dizer de Legaz y Lacambra:

La existencia del Estado es inseparable de la existencia de un orden jurídico. Tan inseparable que no ha sido una arbitrariedad especulativa sino una profunda razón gnoseológica (aun cuando recusable en el modo de su planteamiento), lo que ha llevado a Kelsen a afirmar nada menos que la unidad e la identidad substancial de Estado e orden jurídico.[33]

Não nos parece, porém, que o Estado se confunda com o ordenamento jurídico, embora este seja inerente àquele. A ideia de Estado envolve alguns elementos que não estão presentes na ideia de ordenamento jurídico.

Para Maria Helena Diniz ordenamento jurídico e ordem jurídica são sinônimos. Ela define *ordem jurídica*, no plano da Teoria Geral do Direito, como:

Conjunto de normas estabelecidas pelo poder político competente, que se impõem e regulam a vida social de um dado povo em determinada época. Com essas normas possível será obter o equilíbrio social, impedindo a desordem, os ilícitos e os crimes, procurando proteger a saúde e a moral pública, resguardando os direitos e a liberdade das pessoas. Pode-se dizer, seguindo a esteira de Miguel Reale, que o Direito é uma ordenação heterônoma das relações sociais, baseada numa integração normativa de fatos e valores. Trata-se do ordenamento jurídico.[34]

---

32. Idem, pp. 387-390.

33. Luis Legaz y Lacambra, *Filosofia del Derecho*, 2ª ed., Barcelona, Bosch, 1961, pp. 775-776.

34. Maria Helena Diniz, *Dicionário Jurídico*, vol. 3, São Paulo, Saraiva, 1988, p. 460.

Como se vê, "ordenamento jurídico" e "direito positivo" são expressões equivalentes. Ordenamento jurídico, ou direito positivo, que geralmente tem na sua cúpula a Constituição, que se presta especialmente a instrumentalizar a ideia de sistema, valendo a esse respeito o interessante registro feito por Paulo Quezado e Rogério Lima, nestes termos:

> A Constituição consiste, em última análise, em um ordenamento jurídico, que declara e garante os valores básicos da sociedade, concretizados em princípios e normas jurídicas positivas. Mas, por estes princípios e normas coexistirem harmoniosamente, formando um sistema, gozam de igual importância para o ordenamento, pois, caso seja violada uma norma, em tese, todo o sistema jurídico será afetado. Diríamos, então, que haverá uma desordem da ordem jurídica.
>
> Escreve Raquel Denize Stumm que "as normas constitucionais não têm existência isoladas umas das outras, exigindo uma compreensão que as visualize como integrantes de um complexo que mantém uma conexão entre os seus elementos, ou seja, um sistema" (*Princípio da Proporcionalidade no Direito Constitucional Brasileiro*, Porto Alegre, Livraria do Advogado, 1995, p. 56).
>
> Por isso, a nenhum direito constitucional, em princípio, se pode atribuir o qualificativo de absoluto, no sentido de não se poder restringir seu exercício. São todos relativos, na medida em que dependem uns dos outros para manter o equilíbrio do sistema constitucional.[35]

A relatividade dos direitos constitucionais, como a relatividade dos direitos subjetivos em geral, todavia, não invalida o sistema ou ordenamento jurídico como instrumento de limitação de poderes, e especialmente como instrumento de limitação do poder estatal, que é, a rigor, a finalidade essencial do Direito.

## *2.2 Finalidade essencial do ordenamento jurídico*

Temos sustentado que a finalidade essencial do Direito consiste em limitar o poder. E, quando se trata de relações entre o cidadão e o Estado, certamente o Direito é um sistema de limites ao poder estatal. Uma forma, portanto, de autolimitação do Estado.

---

35. Paulo Quezado e Rogério Lima, *Sigilo Bancário*, São Paulo, Dialética, 2002, pp. 36-37.

Entretanto, mesmo considerando que a finalidade essencial do Direito é a limitação do Poder, temos de questionar, ainda, sobre a finalidade dessa limitação. Em outras palavras: coloca-se a questão de saber para quê o Direito, como fruto e instrumento da racionalidade humana, impõe limites ao poder. E a resposta que nos ocorre é a de que o Direito, ao estabelecer um regramento racional para os seres humanos, busca sempre a realização dos valores essenciais da Humanidade, entre os quais se destacam a justiça e a segurança ou ordem na sociedade, que se interligam e são, na verdade, interdependentes.

Claus-Wilhelm Canaris, depois de afirmar que a ideia da ordem interior, e da unidade, carece de confirmação que se deve fundamentar na própria ideia de Direito, assevera:

> De facto, a demonstração não é difícil. A ordem interior e a unidade do Direito são bem mais do que pressupostos da natureza científica da jurisprudência e do que postulados da metodologia; elas pertencem, antes, às mais fundamentais exigências ético-jurídicas e radicam, por fim, na própria ideia de Direito. Assim, a exigência de "ordem" resulta directamente do reconhecido postulado da justiça, de tratar o igual de modo igual e o diferente de forma diferente, de acordo com a medida da sua diferença: tanto o legislador como o juiz estão adstritos a retomar "consequentemente" os valores encontrados, "pensando-os, até ao fim", em todas as consequências singulares, e afastando-os apenas justificadamente, isto é, por razões materiais – ou, por outras palavras: estão adstritos a proceder *com adequação*.[36]

Radbruch resume seu pensamento dizendo que "os elementos universalmente válidos da ideia de Direito são só a *justiça* e a *segurança*".[37] Larenz, por seu turno, ensina que: "A la larga la paz jurídica no está asegurada se el ordenamiento que subyace a ella es injusto y se siente como tal cada vez más".[38] E, nessa mesma linha, Arnaldo Vasconcelos acentua que: "(...). Sem ordem não há como fazer justiça, e sem justiça não há meio de manter a ordem".[39]

---

36. Claus-Wilhelm Canaris, *Pensamento Sistemático e Conceito de Sistema na Ciência do Direito*, 2ª ed., trad. de A. Menezes Cordeiro, Lisboa, Fundação Calouste Gulbenkian, 1996, p. 18.

37. Gustav Radbruch, *Filosofia do Direito*, cit., 5ª ed., p. 162.

38. Karl Larenz, *Derecho Justo – Fundamentos de Ética Jurídica*, trad. de Luis Diez Picazo, Madri, Civitas, 1993, pp. 51-52.

39. Arnaldo Vasconcelos, *Teoria da Norma Jurídica*, 6ª ed., São Paulo, Malheiros Editores, 2006, p. 18.

### 2.3 *A segurança jurídica na ideia de Direito*

Assim como a justiça, também a segurança jurídica está presente na própria ideia de Direito, como tal concebido o ordenamento ou o sistema jurídico. Claus-Wilhelm Canaris afirma que a ideia de sistema jurídico se justifica a partir de um dos mais elevados valores do Direito, que é a justiça; e acrescenta:

> Acontece ainda que outro valor supremo, a *segurança jurídica*, aponta na mesma direcção. Também ela pressiona em todas as suas manifestações – seja como determinabilidade e previsibilidade do Direito, como estabilidade e continuidade da legislação e da jurisprudência ou simplesmente como praticabilidade da aplicação do Direito – para a formação de um sistema, pois todos esses postulados podem ser muito melhor prosseguidos através de um Direito adequadamente ordenado, dominado por poucos e alcançáveis princípios, portanto um Direito ordenado em sistema, do que por uma multiplicidade inabarcável de normas singulares desconexas e em demasiado fácil contradição umas com as outras.[40]

Realmente, a ideia de direito positivo envolve sempre a ideia de sistema de normas, e este não pode prescindir da hierarquia como critério organizador das diversas normas que o compõem. Hierarquia que restará comprometida se admitirmos que uma norma de hierarquia inferior pode alterar conceitos utilizados na elaboração de uma norma de hierarquia superior.

### 2.4 *Ordenação, unidade e coerência*

Seja qual for a definição que adotemos de *ordenamento jurídico*, nela podemos considerar presente a ideia de sistema. E, como ensina Canaris, de todas as definições de sistema emergem as ideias de *ordenação* e de *unidade*.[41] E essas ideias carecem – diz aquele eminente jusfilósofo – de confirmação que se deve fundamentar na própria essência do Direito. Tanto a ordem como a unidade radicam, a final de contas, como demonstra Canaris, na ideia de Direito, porque inerentes ao postulado universal da justiça, de tratar os iguais de modo igual e os diferentes de forma diferente, na medida de suas diferenças.[42]

---

40. Claus-Wilhelm Canaris, *Pensamento Sistemático e Conceito de Sistema na Ciência do Direito*, cit., 2ª ed., p. 22.

41. Idem, p. 12.

42. Idem, p. 18.

As ideias de ordenação e de unidade envolvem, inevitavelmente, a ideia de coerência, no sentido de ausência de normas incompatíveis.

É a lição de Norberto Bobbio:

> Diz-se que um ordenamento jurídico constitui um sistema porque não podem existir nele *normas incompatíveis*.[43]

E adiante, no mesmo estudo:

> A coerência não é condição de validade, mas é sempre condição para a justiça do ordenamento. É evidente que quando duas normas contraditórias são ambas válidas, e pode haver indiferentemente a aplicação de uma ou de outra, conforme o livre-arbítrio daqueles que são chamados a aplicá-las, são violadas duas exigências fundamentais em que se inspiram ou tendem a inspirar-se os ordenamentos jurídicos: a exigência de certeza (que corresponde ao valor da paz ou da ordem) e a exigência da justiça (que corresponde ao valor da igualdade). Onde existem duas normas antinômicas, ambas válidas, e portanto ambas aplicáveis, o ordenamento jurídico não consegue garantir nem a certeza, entendida como possibilidade, por parte do cidadão, de prever com exatidão as consequências jurídicas da própria conduta, nem a justiça, entendida como o igual tratamento das pessoas que pertencem à mesma categoria.[44]

Essa coerência nos obriga a visualizar a Constituição como um todo. Em outras palavras: não devemos sustentar e defender a superioridade hierárquica deste ou daquele de seus dispositivos, mas do texto constitucional em sua totalidade. Neste sentido é a lição de Marco Aurélio Greco, que em seu excelente livro sobre planejamento tributário ensina:

> Quando se trata da autoridade da Constituição, é preciso entender a Constituição inteira, como um todo. Não se trata de assegurar e defender intransigentemente a autoridade do seu art. 150, I, ou do seu art. 150, II. Trata-se de entender que o capítulo tributário não existe isoladamente, posto que inserido no contexto da Constituição. Portanto, seus conteúdo e alcance só poderão ser definidos e sua eficácia só será plena se a interpretação que lhe for dada estiver em sintonia com os demais capítulos da Constituição e, principalmente, se ele for a demonstração ou a materialização,

43. Norberto Bobbio, *Teoria do Ordenamento Jurídico*, 4ª ed., trad. de Maria Celeste Cordeiro Leite Santos, Brasília, Ed. UnB, 1994, p. 80.

44. Idem, p. 113.

neste segmento da realidade, dos conceitos, princípios, objetivos e valores que a Parte Geral da Constituição consagra.[45]

Por isto mesmo – vale dizer: em razão da importância que tem a coerência em um ordenamento jurídico –, é da maior relevância o prestigio que a doutrina deve conferir aos critérios para a superação das antinomias, de sorte que, sendo possíveis duas interpretações, uma que assegura a aplicação de um desses critérios e a outra que o despreza, com certeza deve prevalecer a primeira. Ainda quando esta implique alguma restrição a um direito constitucional.

Seja como for, em face da enorme complexidade que os ordenamentos jurídicos geralmente assumem, faz-se necessária a utilização de critérios para evitar que em um ordenamento jurídico subsistam normas incompatíveis. E entre esses critérios destaca-se, por sua grande importância, o critério hierárquico. O Direito é um sistema hierarquizado, precisamente porque é um sistema extremamente complexo. Esta é a lição de Bobbio:

> Que seja unitário um ordenamento simples, isto é, um ordenamento em que todas as normas nascem de uma única fonte, é facilmente compreensível. Que seja unitário um ordenamento complexo, deve ser explicado. Aceitamos aqui a teoria da construção escalonada do ordenamento jurídico, elaborada por Kelsen. Essa teoria serve para dar uma explicação da unidade de um ordenamento jurídico complexo. Seu núcleo é que *as normas de um ordenamento não estão todas no mesmo plano*.[46]

Certo que o critério hierárquico não é o único, porque também existem antinomias entre normas situadas no mesmo patamar hierárquico. Existem, portanto, também o critério cronológico e o critério da especialidade.

O estudo desses critérios, e até o estudo da insuficiência dos mesmos, é da maior importância na Teoria Geral do Direito. No âmbito deste livro, porém, importa-nos especialmente o exame da importância dos conceitos jurídicos na preservação do critério hierárquico, meio indispensável para a superação das antinomias no sistema jurídico.

---

45. Marco Aurélio Greco, *Planejamento Tributário*, São Paulo, Dialética, 2004, pp. 41-42.

46. Norberto Bobbio, *Teoria do Ordenamento Jurídico*, cit., 4ª ed., pp. 48-49.

## *3. O critério hierárquico na superação das antinomias*

### *3.1 Hierarquia no sistema jurídico*

Que o direito positivo é um sistema de normas é praticamente pacífico. E também ninguém duvida, seriamente, de que esse sistema é composto de normas organizadas em patamares hierárquicos, segundo o poder normativo do órgão produtor das normas.

Quando nos referimos a normas organizadas em patamares, umas acima das outras, estamos colocando o pressuposto do qual necessita o aplicador da norma para superar possíveis antinomias entre estas, pelo denominado critério hierárquico, assim definido por Norberto Bobbio:

> O critério hierárquico, chamado também de *lex superior*, é aquele pelo qual, entre duas normas incompatíveis, prevalece a hierarquicamente superior; *lex superior derogat inferiori*. Não temos dificuldade em compreender a razão desse critério depois que vimos, no capítulo precedente, que as normas de um ordenamento são colocadas em planos diferentes: são colocadas em ordem hierárquica. Uma das consequências da hierarquia normativa é justamente esta: as normas superiores podem revogar as inferiores, mas as inferiores não podem revogar as superiores. A inferioridade de uma norma em relação a outra consiste na menor força de seu poder normativo; essa menor força se manifesta justamente na incapacidade de estabelecer uma regulamentação que esteja em oposição à regulamentação de uma norma hierarquicamente superior.[47]

Em outras palavras, podemos afirmar que as normas de categoria inferior não podem revogar nem de qualquer forma alterar normas de categoria superior, porque isto implica subversão da hierarquia normativa. E para que não ocorra tal subversão é da maior importância a questão do respeito aos conceitos utilizados na norma de hierarquia superior quando se cuida da elaboração de uma norma de hierarquia inferior àquela.

### *3.2 Importância dos conceitos*

Realmente, a importância dos conceitos, inegável em qualquer área do Direito, deve ser sempre considerada quando se enfrenta uma questão na qual deve ser respeitada a superioridade hierárquica de uma norma. A delimitação adequada de certos conceitos utilizados na elaboração de uma norma pode ser decisiva para evitar seu amesquinhamento, que

47. Norberto Bobbio, *Teoria do Ordenamento Jurídico*, cit., 4ª ed., p. 93.

pode ocorrer se admitirmos que uma norma de hierarquia inferior possa definir livremente conceitos utilizados em normas de hierarquia superior.

Um exemplo deixará claro o que estamos querendo dizer. Nossa Constituição estabelece que "a casa é asilo inviolável do indivíduo, ninguém nela podendo penetrar sem consentimento do morador, salvo em caso de flagrante delito ou desastre, ou para prestar socorro, ou, durante o dia, por determinação judicial".[48] Imaginemos, então, pudesse a lei ordinária definir como "casa" *a edificação com mais de 2.000m² de área construída, com piso de mármore ou granito*. Por essa forma o legislador ordinário teria alterado substancialmente o alcance da regra da Constituição, tornando-a praticamente inútil.

Inúmeros outros exemplos poderiam ser apresentados, deixando clara a ideia de que uma norma de hierarquia superior poderia ter seu alcance ampliado ou reduzido por uma norma de hierarquia inferior que eventualmente alterasse conceitos nela utilizados.

No âmbito do direito tributário temos interessante exemplo de norma da Constituição que teve seu alcance alterado pelo legislador complementar, que trabalhou com conceito substancial na definição de seu alcance. Exemplo cuja importância maior está exatamente em demonstrar que, em tese, o mesmo pode ocorrer em relação a todas as regras da Constituição Federal que atribuem competência tributária às diversas pessoas jurídicas de direito público. Estamos nos referindo à lei complementar, que, ao estabelecer quais são os serviços tributáveis pelos Municípios, entre eles incluiu a locação de bens móveis.

Insistimos em que essa questão tem maior importância porque diz respeito a todo o ordenamento jurídico como sistema hierarquizado. Se admitirmos que o elaborador de uma norma pode alterar conceitos utilizados na elaboração de uma norma de hierarquia superior, estaremos admitindo que ele pode alterar aquela norma e, assim, amesquinhar a hierarquia normativa. E no âmbito do direito tributário, quando enfrentamos a questão de saber se o legislador complementar pode, ou não, ao descrever o âmbito constitucional do imposto sobre serviços de qualquer natureza/ISS, incluir a locação de bens móveis, na verdade estamos diante da questão de saber em quê a hierarquia das normas deve ser prestigiada. E, especificamente, diante da questão de saber se realmente a supremacia da Constituição é, ou não é, uma garantia do contribuinte.

48. CF de 1988, art. 5º, XI.

Já demonstramos, com referências a estudos doutrinários relativos à realidade de vários Países, a importância da supremacia constitucional como garantia do contribuinte.[49] E não temos dúvida de que essa supremacia somente será efetiva na medida em que forem preservados os conceitos utilizados pela Constituição, contra mudanças que nos mesmos pretenda o legislador introduzir.

Para a preservação dos conceitos temos de buscar meios para identificar o que nos mesmos existe de essencial, ou nuclear, de sorte a que possamos distinguir uns dos outros e, assim, evitar o solapamento da hierarquia normativa, que estará definitivamente destruída se admitirmos que a imprecisão justifica interpretações que ampliam ou que restringem o alcance das normas que os albergam, além de limites razoáveis que se fazem necessários dentro do sistema normativo.

### *3.3 Superação das antinomias do sistema*

O critério hierárquico é da maior importância na superação das antinomias de um sistema jurídico, especialmente porque no Estado existem diversos órgãos produtores de normas jurídicas, e esses órgãos, com certeza, não são dotados do mesmo poder normativo.

É praticamente impossível que as normas editadas por todos os órgãos que no Estado estão dotados de poder normativo sejam inteiramente compatíveis umas com as outras. É praticamente impossível evitar antinomias entre as normas produzidas pelo Congresso Nacional no exercício do denominado poder constituinte derivado e as produzidas pelo próprio Congresso Nacional no exercício de sua função normativa, seja complementar, seja ordinária.

Temos de considerar, portanto, na superação das antinomias do sistema normativo, a posição ocupada pelo órgão produtor da norma na hierarquia necessariamente existente entre os órgãos que integram o Estado. Em outras palavras: o critério hierárquico é sempre da maior importância para a superação das antinomias que podem surgir entre as normas que compõem o sistema jurídico. Por isto mesmo é que, estudando as antinomias entre as regras jurídicas, Alfredo Augusto Becker, um dos maiores cultores do direito tributário em nosso País, ensina, com inteira propriedade:

---

49. Hugo de Brito Machado, "A supremacia constitucional como garantia do contribuinte", *Revista Dialética de Direito Tributário* 68/44-60, São Paulo, Dialética, 2001.

Quando as regras jurídicas em antinomia foram criadas por órgãos legislativos de diferentes graus de hierarquia, sem desbordamento de suas respectivas competências, prevalece a regra (anterior ou posterior) criada pelo órgão de hierarquia superior; é o critério hierárquico.[50]

Ocorre que a hierarquia das normas no ordenamento jurídico será inteiramente destruída se admitirmos que um conceito utilizado na elaboração de uma norma de hierarquia superior pode ser alterado por uma norma de hierarquia inferior, como a seguir vamos demonstrar.

## 4. *Os conceitos e a hierarquia das normas*

### 4.1 *Alteração de conceitos como forma de insubordinação à norma*

Para que se veja claramente a importância dos conceitos em face da hierarquia das normas jurídicas basta atentarmos para o fato de que a simples mudança de um conceito jurídico pode tornar inútil a superioridade hierárquica de uma norma dentro do sistema. Em outras palavras: a alteração de um conceito pode ser considerada como uma forma de insubordinação à norma hierarquicamente superior.

Realmente, se uma norma jurídica qualquer pudesse alterar um conceito utilizado por uma norma a ela hierarquicamente superior, poderia por essa forma alterar aquela norma superior. Se uma lei ordinária pudesse alterar o conceito de tributo, dizendo que tributo é a prestação pecuniária compulsória de valor superior a um milhão de Reais, estaria praticamente destruído o princípio da legalidade, de nada mais valendo a superioridade hierárquica da Constituição.

No âmbito do direito tributário – e não apenas no Brasil – não são raras as manifestações do Estado no sentido de contornar limitações constitucionais ao poder de tributar mediante mudança de conceitos jurídicos. Com a simples mudança de nomes de exações procura-se contornar limites jurídicos consubstanciados na hierarquia das normas, e que na realidade somente será efetiva se houver respeito pelos conceitos jurídicos.

José Juan Ferreiro Lapatza nos oferece exemplo dessa manifestação de poder na Espanha, ao examinar a distinção entre taxa e preço público. Critica fortemente o legislador pela vontade de burlar o princípio cons-

50. Alfredo Augusto Becker, *Teoria Geral do Direito Tributário*, São Paulo, Saraiva, 1963, pp. 194-195.

titucional da legalidade tributária com a simples mudança de nome do tributo:

> Lo único que no puede hacer el legislador, y concluimos así este epígrafe, es cambiar el nombre del tributo y sobre la base de este simple cambio de nombre eludir el mandato contenido en el art. 31.3 de la Constitución.[51]

Por isto mesmo é que o STF já afastou a pretensão de Municípios de cobrarem o ISS[52] sobre a locação de bens, apoiando-se precisamente na ideia da importância dos conceitos para a adequada compreensão das normas do sistema tributário, especialmente em face da estrutura hierarquizada do sistema jurídico. E assim decidiu:

> *Ementa:* A terminologia constitucional do ISS revela o objeto da tributação. Conflita com a Lei Maior dispositivo que imponha o tributo considerado contrato de locação de bem imóvel. Em Direito, os institutos, as expressões e os vocábulos têm sentido próprio, descabendo confundir a locação de serviços com a de móveis, práticas diversas regidas pelo Código Civil, cujas definições são de observância inafastável – art. 110 do CTN.[53]

Essa decisão da Corte Maior bem revela a importância dos conceitos para a efetividade da hierarquia das normas do sistema. Aliás, em face do princípio da supremacia constitucional, nem precisaria buscar o apoio do art. 110 do CTN, que, na verdade, tem natureza meramente didática, explicitante de um princípio que há de estar presente mesmo nos casos não abrangidos pelo referido dispositivo legal.

Colhemos, ainda, a lição de Humberto Ávila, que empresta relevância à preservação dos conceitos referindo-se ao princípio da legalidade como diretriz para os Poderes do Estado e asseverando que o STF incorpora esse entendimento ao dizer que "o conteúdo político de uma Constituição não é conducente ao desprezo do conteúdo vernacular das

---

51. José Juan Ferreiro Lapatza, *Curso de Derecho Financiero Español*, 12ª ed., Madri, Marcial Pons, 1990, p. 415.

52. **N.A.** A Emenda Constitucional nº 132, de 20 de dezembro de 2023, prevê que lei complementar deverá instituir o Imposto sobre Bens e Serviços – IBS, de competência compartilhada entre Estados, Distrito Federal e Municípios (art. 156-A), que virá substituir o ISS.

53. STF, Pleno, RE 116.121-3-SP, rel. para o acórdão Min. Marco Aurélio, j. 11.10.2000, *DJU* 25.5.2002 e *Revista Tributária e de Finanças Públicas* 39/255, São Paulo, Ed. RT, 2001.

palavras, muito menos ao do técnico, considerados os institutos consagrados pelo Direito".[54]

Com certeza de nada valeria o princípio da legalidade, como de nada valeria qualquer norma ou princípio constitucional, não fora a supremacia da Constituição, e não fora, sobretudo, o respeito aos conceitos que se faz necessário à efetividade de qualquer prescrição normativa.

### *4.2 Os conceitos da linguagem comum*

Uma norma jurídica pode alterar um conceito da linguagem comum, utilizado em sua elaboração, para definir seu significado e seu alcance. Entretanto, uma norma de hierarquia inferior não pode alterar um conceito da linguagem comum utilizado na elaboração de uma norma de hierarquia superior, pois significaria alterar a própria norma de hierarquia superior, subvertendo, assim, a hierarquia do sistema normativo.

O exemplo já por nós utilizado (item 3.2, *supra*) deixa bem claro o que estamos querendo dizer. Nossa Constituição estabelece que "a casa é asilo inviolável do indivíduo, ninguém nela podendo penetrar sem consentimento do morador, salvo em caso de flagrante delito ou desastre, ou para prestar socorro, ou, durante o dia, por determinação judicial".[55] Se pudesse a lei ordinária definir como "casa" *a edificação com mais de 2.000m² de área construída, piso de mármore ou granito*, poderia o legislador ordinário anular a citada regra da Constituição, tornando-a praticamente inútil.

Utilizamos esse exemplo em congresso jurídico realizado em Salvador pelo professor Edvaldo Brito, mas isto nos valeu severa crítica do professor Manoel Gonçalves Ferreira Filho, que afirmou tratar-se de um exemplo *ad terrorem* destinado a demonstrar uma tese inconsistente. Algum tempo depois, entretanto, observamos que o mesmo exemplo já fora citado por Legaz y Lacambra a propósito da importância dos conceitos na teoria jurídica, quando aquele eminente Catedrático de Direito Natural e Filosofia do Direito da Universidade de Madri escreveu:

> Una "casa", por ejemplo, es un espacio habitable destinado a resguardar al hombre de la intemperie y proporcionarle un lugar de reposo, expan-

54. Humberto Ávila, "Contribuições na Constituição Federal de 1988", in Hugo de Brito Machado (coord.), *As Contribuições no Sistema Tributário Brasileiro*, São Paulo/Fortaleza, Dialética/ICET, 2003, p. 314.

55. CF de 1988, art. 5º, XI.

> sión y recogimiento y en el que pueda desarrollar su vida íntima y familiar. Podríamos decir que el concepto de la casa es un concepto necesario y apriorístico desde el punto de vista de la existencia humana. El hombre no puede existir sin una casa, por muy rudimentaria que ésta sea. Tal concepto es "formal", porque no puede definirse sin aludir al elemento de *finalidad* que forma parte de su misma estructura: la casa no se define tanto por su forma como por su fin. Ahora bien, una casa tiene elementos de distinta índole: por de pronto, y al menos, tiene cimientos, paredes e tejado; si faltan éstos, la casa no existe. Por otra parte, la casa consta de distintas "habitaciones": cocina, comedor, dormitorio; pero éstas ¿son necesarias a la casa en el sentido en que lo son, por exemplo, las paredes? Es evidente que no: éstas son un elemento *lógicamente* integrante del concepto de casa, por cuanto que esta és *lógicamente impensable sin ellas*; (...). su finalidad y se definen por ésta.[56]

Poderíamos oferecer inúmeros outros exemplos de conceitos utilizados na elaboração de normas jurídica e que não podem ser alterados em prejuízo da hierarquia do sistema jurídico.

No âmbito do direito tributário temos como exemplo o já referido conceito de *serviço*, utilizado pela Constituição e indevidamente alterado pelo legislador complementar. Exemplo cuja importância maior está exatamente em demonstrar que o mesmo pode ocorrer em relação a todas as regras da Constituição Federal, que atribuem competência tributária às diversas pessoas jurídicas de direito público.

Insistimos em que essa questão tem maior importância porque diz respeito a todo o ordenamento jurídico como sistema hierarquizado. Se admitirmos que o elaborador de uma norma pode definir conceitos utilizados na elaboração de uma norma de hierarquia superior, estaremos admitindo que ele pode alterar aquela norma e, assim, amesquinhar a hierarquia normativa.

### *4.3 Os conceitos jurídicos e o elemento temporal*

Pode parecer que, tratando-se de um conceito jurídico, como tal entendido o conceito que está definido numa regra jurídica, a situação é diversa daquela examinada no item precedente, relativa aos conceitos da linguagem comum. Em outras palavras: pode parecer que os conceitos jurídicos podem ser alterados a qualquer tempo por uma regra jurídica nova, mesmo de hierarquia inferior. Isto, porém, embora realmente possa ocorrer, não pode ter o alcance que aparentemente tem. A alteração do

56. Luis Legaz y Lacambra, *Filosofía del Derecho*, cit., 2ª ed., pp. 49-50.

conceito por uma regra elaborada depois que o mesmo está encartado em uma regra hierarquicamente superior não pode ter como consequência a alteração daquela regra de hierarquia superior.

Realmente, quando na elaboração de uma norma jurídica é utilizado um conceito jurídico, este na mesma se encarta de tal modo que alterar o conceito é alterar a regra jurídica.

O elemento temporal no trato dessa questão tem especial importância. Na Constituição Federal estão encartadas diversas normas que albergam conceitos jurídicos legalmente definidos. Pode parecer que a lei ordinária definidora desses conceitos pode ser livremente alterada pelo legislador, que, assim, estaria alterando a própria Constituição, e isto não é admissível. Os conceitos presentes em normas da Constituição devem ser aqueles que estão definidos na lei anterior à Constituição. E nem se diga que isto implica interpretar a Constituição em função das normas hierarquicamente inferiores.

## 5. *Conceitos imprecisos e atividade discricionária*

### 5.1 *Atividade administrativa e liberdade*

É sabido que o Direito, enquanto sistema normativo, é um sistema de limites à liberdade humana. Ou limites do poder, porque, a rigor, toda norma jurídica é limite de poder. Assim, toda autoridade, todo titular de poder, tem no Direito um sistema de limites ao desempenho de suas atribuições. Esses limites podem ser mais ou menos estreitos. Em consequência, a liberdade de que a autoridade administrativa dispõe no desempenho de suas tarefas não é a mesma em todas as situações.

Tendo em vista o grau de liberdade conferido pela norma jurídica à autoridade administrativa para o desempenho de suas atribuições, os atos administrativos podem ser classificados em: (a) discricionários; e (b) vinculados. Fala-se também dos atos arbitrários. São aqueles em cuja prática a autoridade administrativa não reconhece nenhum limite jurídico. Tais atos, precisamente porque caracterizados pela inobservância de quaisquer limites jurídicos, são incompatíveis com o Direito e, assim, não compõem a classificação dos atos administrativos, que se pressupõe referida aos atos administrativos conforme o Direito. Devem ser colocados – isto, sim – no campo dos atos ilícitos.

Conceituam-se como atos administrativos discricionários aqueles em cuja prática dispõem as autoridades de ampla liberdade, que lhes é conferida pela lei. Já, os atos vinculados são aqueles em cuja prática as autoridades administrativas não dispõem de nenhuma liberdade, posto que a norma jurídica estabelece, em todos os seus aspectos, o único comportamento legalmente possível. "(...). Nessa categoria de atos administrativos a liberdade de ação do administrador é mínima, pois terá que se ater à enumeração minuciosa do direito positivo para realizá-los eficazmente. Deixando de atender a qualquer dado expresso na lei, o ato é nulo, por desvinculado de seu tipo-padrão".[57]

No dizer de Celso Antônio Bandeira de Mello, "atos vinculados seriam aqueles em que, por existir prévia e objetiva tipificação legal do único possível comportamento da Administração em face de situação igualmente prevista em termos de objetividade absoluta, a Administração, ao expedi-los, não interfere com apreciação subjetiva alguma". Já, os atos discricionários, segundo Celso Antônio, "seriam os que a Administração pratica com certa margem de liberdade de *avaliação* ou *decisão* segundo critérios de conveniência e oportunidade formulados por ela mesma, *ainda que adstrita à lei regulamentadora da expedição deles*".[58]

### *5.2 Distinção entre a discricionariedade e a presença de conceitos imprecisos*

Jurista dos mais autorizados, Celso Antônio, embora na lição acima transcrita faça referência a critérios de conveniência e oportunidade a serem utilizados no exercício da liberdade da qual dispõe a autoridade no exercício da atividade discricionária, parece não ver uma distinção entre a *discricionariedade* e a *presença de conceitos imprecisos*. Ao menos, é o que se pode concluir do conceito que formula de discricionariedade, nestes termos:

> Discricionariedade é a margem de "liberdade" que remanesça ao administrador para eleger, segundo critérios consistentes de razoabilidade, um, dentre pelo menos dois comportamentos, cabíveis perante cada caso concreto, a fim de cumprir o dever de adotar a solução mais adequada à satisfação da finalidade legal, quando, por força da fluidez das expressões da lei ou da liberdade conferida no mandamento, dela não se possa extrair objetivamente uma solução unívoca para a situação vertente.[59]

---

57. Hely Lopes Meirelles, *Direito Administrativo Brasileiro*, 39ª ed., São Paulo, Malheiros Editores, 2013, p. 125.

58. Celso Antônio Bandeira de Mello, *Curso de Direito Administrativo*, 30ª ed., São Paulo, Malheiros Editores, 2013, p. 434.

59. Idem, pp. 988-989.

Aliás, a ausência da distinção em referência é notada na doutrina de Celso Antônio já quando o notável administrativista diz que na discricionariedade a norma reguladora carece de precisão porque ou não descreve antecipadamente a situação em vista da qual será suscitado o comportamento administrativo, ou "a situação é *descrita* por palavras que recobrem *conceitos vagos*, dotados de *certa imprecisão* e por isso mesmo irredutíveis à objetividade total, refratários a uma significação unívoca inquestionável (...)".[60]

Entretanto há, realmente, uma distinção essencial entre a liberdade de que a autoridade administrativa desfruta diante de conceitos imprecisos utilizados na norma que vai aplicar e a liberdade de que a autoridade administrativa desfruta quando exerce o denominado poder discricionário.

No primeiro caso a questão reside em saber qual o significado mais adequado do conceito impreciso. É questão que deve ser examinada por todos os que tenham o dever de aplicar a norma ou de apreciar a legalidade de sua aplicação. O que se discute é o sentido e o alcance da norma. Uma opção do intérprete e aplicador da norma, ainda que possível em face da imprecisão conceitual, pode ser tida como ilegal e ensejar a reforma ou o anulamento de sua decisão. Seja pela autoridade administrativa superior, seja pelo Juiz que prefira um significado diverso para o conceito impreciso que esteja em questão.

Já, no segundo caso a questão reside apenas em escolher a providência mais adequada ao atendimento de determinado interesse público, e o poder de fazer essa escolha foi atribuído por lei à autoridade dotada de poder discricionário para esse fim. No dizer de Maria Sylvia Zanella Di Pietro:

> A lei deixa certa margem de liberdade de decisão diante do caso concreto, de tal modo que a autoridade poderá optar por uma dentre várias soluções, todas válidas perante o Direito. Nesses casos, o poder da Administração é *discricionário*, porque a adoção de uma ou outra solução é feita segundo critérios de oportunidade, conveniência, justiça, equidade, próprios da autoridade, porque não definidos pelo legislador.[61]

É certo que mesmo no exercício de poder discricionário não existe liberdade total para a autoridade administrativa. Nas palavras de Maria Sylvia Zanella Di Pietro:

---

60. Idem, p. 438.

61. Maria Sylvia Zanella Di Pietro, *Direito Administrativo*, 11ª ed., São Paulo, Atlas, 1999, pp. 196-197.

> Daí por que se diz que a discricionariedade implica liberdade de atuação nos limites traçados pela lei; se a Administração ultrapassa esses limites, a sua decisão passa a ser arbitrária, ou seja, contrária à lei.
>
> Pode-se, pois, concluir que a atuação da Administração Pública no exercício da função administrativa é vinculada quando a lei estabelece a única solução possível diante de determinada situação de fato; ela fixa todos os requisitos, cuja existência a Administração deve limitar-se a constatar, sem qualquer margem de apreciação subjetiva.
>
> E a atuação é discricionária quando a Administração, diante do caso concreto, tem a possibilidade de apreciá-lo segundo critérios de oportunidade e conveniência e escolher uma dentre duas ou mais soluções, todas válidas para o Direito.[62]

Dir-se-á que, havendo na lei conceitos imprecisos, haverá margem de apreciação subjetiva, e isto vai caracterizar a atividade de escolha como *discricionária*. Nisto, aliás, parece residir o argumento dos que não veem diferença entre a liberdade desfrutada pela autoridade administrativa diante de conceitos imprecisos e a liberdade que lhe é conferida pelo poder discricionário.

Ocorre que a liberdade resultante da imprecisão dos conceitos é um problema do intérprete. Sua solução consiste na definição do sentido e do alcance da norma que os alberga, e tal solução compete a todas as autoridades que sejam competentes para aplicar a norma em questão ou para apreciar a licitude ou ilicitude nessa aplicação. Em outras palavras: não se pode afirmar, a rigor, que na opção por uma das interpretações possíveis a autoridade administrativa esteja realmente exercendo liberdade a ela outorgada. É que sua conduta decorrente de uma opção interpretativa pode vir a ser considerada ilegal, vale dizer, pode ser considerada contrária ao que está em lei estabelecido.

Já, a liberdade que decorre da discricionariedade pertence realmente à autoridade administrativa, à qual é atribuído o poder discricionário. Sua conduta decorrente de uma das opções que a lei lhe permite não poderá ser tida como ilegal. Por isto mesmo, o ato discricionário não pode ser submetido ao controle judicial quanto ao mérito, a não ser que ocorra abuso de poder ou desvio de finalidade. Se a autoridade é competente e foram respeitados os requisitos de forma, o ato será válido, seja qual tenha sido a opção da autoridade administrativa quanto ao mérito do ato.

62. Idem, p. 197.

Como o estudo do planejamento tributário, objeto deste livro, é inerente ao estudo da atividade de tributação, é de grande importância estudarmos aqui essa questão da discricionariedade e dos conceitos imprecisos no que concerne especificamente à atividade de tributação. Temos sustentado a existência de importante distinção entre a liberdade que da utilização, na lei, de conceitos imprecisos resulta para a autoridade administrativa e a liberdade conferida à autoridade administrativa quando a esta é atribuído poder discricionário, ou poder para a prática de atividade discricionária.

Sobre o assunto já escrevemos:

> Questão interessante consiste em saber se a existência de conceitos vagos em uma norma implica tenha o seu aplicador um poder *discricionário* decorrente daquela vaguidade. Mais especificamente, a questão de saber se o fato de albergar a lei tributária conceitos vagos significaria admitir que a *atividade administrativa* em que se dá a sua aplicação seria atividade *discricionária*.
>
> Karl Engisch, com sua inegável autoridade, examina a questão em profundidade e termina por nos deixar sem uma resposta em face das ideias em contraposição. Não obstante, em sua abordagem assevera que "a discricionariedade genuína, lá onde ela é reconhecida, é interpretada já pelos clássicos da doutrina da discricionariedade no sentido de que o ponto de vista daquele que exerce o poder discricionário deve valer como relevante e decisivo". [*Karl Engisch, Introdução ao Pensamento Jurídico, 7ª ed., trad. de J. Baptista Machado, Lisboa, Fundação Calouste Gulbenkian, 1996, p. 216*]
>
> Como o Código Tributário Nacional estabelece que o tributo é prestação cobrada mediante atividade administrativa plenamente vinculada, entender-se que a presença de conceito vago em uma norma tributária implica atribuir à autoridade administrativa poder discricionário seria inadmissível contradição, posto que é impossível evitar-se a presença de conceito vago nas leis tributárias.
>
> É imprescindível, pois, que se estabeleça uma distinção entre a escolha de uma das interpretações possíveis diante de um conceito vago e o exercício do poder discricionário. Tal distinção consiste em que a escolha de uma das interpretações possíveis de uma norma que alberga conceito vago não é definitiva, no sentido de que pode ser questionada perante autoridade administrativa superior e perante o Judiciário, enquanto o exercício do poder discricionário é definitivo, no sentido de que não enseja nenhum questionamento, salvo, é claro, demonstrando-se que ocorreu abuso de poder ou desvio de finalidade.

> Em outras palavras, a decisão da autoridade administrativa que adota uma das interpretações possíveis de uma norma que alberga um conceito vago pode ser reformada pela autoridade administrativa superior, ou pelo juiz. Já, a opção exercida na atividade discricionária é irreformável, salvo quando demonstrado abuso no exercício do poder discricionário. Assim, como a atividade administrativa no âmbito tributário não é atividade discricionária, é sempre possível questionar a interpretação que a autoridade tenha dado à norma que aplicou, independentemente da alegação de abuso de poder. A escolha de uma das interpretações possíveis da norma que alberga conceito vago poderá sempre ser substituída por outra interpretação, também possível, da mesma norma, pela autoridade administrativa superior, ou pelo juiz.[63]

Ressalte-se que não se trata de distinção peculiar a nosso ordenamento jurídico. Essa distinção entre discricionariedade e conceitos jurídicos imprecisos ou indeterminados é observada por Eduardo García de Enterría e Tomás-Ramón Fernández, que escrevem:

> Para determinar com precisão o âmbito de liberdade estimativa que comporta a discricionariedade, resulta capital distinguir esta da hipótese de aplicação dos chamados "conceitos jurídicos indeterminados". A confusão de ambas as técnicas supôs na história do direito administrativo um gravíssimo peso, que só recentemente começou a liberar-se.[64]

E, depois de discorrerem sobre a distinção em tela, aqueles eminentes juristas concluem:

> Desta base firme, a jurisprudência mais recente avança já com segurança pelo caminho antes indicado, como o prova a sentença de 12.12.1979 que, confirmando a de primeira instância, afirma resolutamente que "a apreciação de *boa conduta* em forma alguma supõe uma avaliação discricional da Administração, senão a aplicação de um conceito jurídico indeterminado", cujo alcance há de fixar-se "em vista a fatos plenamente acreditados, o qual significa a falta de discricionariedade administrativa, já que a autorização deverá outorgar-se ou denegar-se segundo estejam ou não provados e que os mesmos integrem os maus antecedentes ou má conduta (correspondendo à Administração a prova desta), apreciação revisável por esta jurisdição, tanto com respeito às provas como em ordem ao

63. Hugo de Brito Machado, *Comentários ao Código Tributário Nacional*, 2ª ed., 1ª reimpr., vol. I, São Paulo, Atlas, 2007, pp. 125-126.

64. Eduardo García de Enterría e Tomás-Ramón Fernández, *Curso de Direito Administrativo*, trad. de Arnaldo Setti, São Paulo, Ed. RT, 1991, pp. 392-393.

critério de valor ou de experiência correto para interpretar aquele conceito impreciso".[65]

Nos estudos jurídicos concernentes à tributação é da maior relevância a distinção, que acabamos de demonstrar, entre a liberdade decorrente da presença de conceitos vagos na regra de tributação e a liberdade da qual desfruta a autoridade no exercício do poder discricionário. É que mesmo diante de regras de tributação que albergam conceitos vagos ou imprecisos não se pode cogitar de atividade discricionária, pois a atividade de tributação é sempre atividade administrativa vinculada e obrigatória, sob pena de responsabilidade funcional.

### 5.3 *Atividade discricionária e atividade vinculada*

A expressão "atividade de tributação", em seu sentido mais amplo, comporta a atividade legislativa, pois o criar assim como o aumentar um tributo compreendem-se nessa atividade que é própria do Estado. Entretanto, as qualificações discricionária e vinculada dizem respeito à atividade administrativa. Não abrangem a atividade legislativa. Assim, aqui não se coloca a questão de saber se a atividade de criar ou aumentar um tributo é, ou não, atividade discricionária ou atividade vinculada. Preferimos dizer, portanto, que a atividade de criar ou aumentar tributo é uma atividade política.

Podemos dizer também que a atividade desenvolvida pelos órgãos do Poder Judiciário na apreciação dos conflitos surgidos entre os sujeitos da relação tributária é atividade de tributação, num sentido amplo. Entretanto, essa atividade não se qualifica como administrativa. É típica atividade jurisdicional, que, assim, está fora do questionamento aqui examinado.

Na verdade, o que importa, aqui, é a divisão das atividades estatais em seus três grandes grupos – a saber: atividade legislativa, atividade administrativa e atividade jurisdicional –, para dizermos que a questão da qualificação da atividade como discricionária ou vinculada diz respeito apenas à atividade administrativa.

A atividade administrativa de tributação é sempre atividade vinculada. Mesmo aquela que não se compreende no denominado lançamento tributário, como a atividade de fiscalização e a atividade de cobrança do tributo, é sempre atividade vinculada. A autoridade administrativa não

65. Idem, p. 399.

pode escolher, discricionariamente, os contribuintes que serão fiscalizados, nem os créditos que serão cobrados. Isto até pode ocorrer em certos casos, mas se trata de comportamento contrário ao Direito.

## *5.4 O lançamento tributário*

### 5.4.1 *Conceito*

A palavra "lançamento", como tantas outras, é plurissignificativa. Tem alguns significados conhecidos e outros ignorados pela maioria das pessoas. Vejamos o que registra De Plácido e Silva:

> *Lançamento.* Derivado de "lançar", é utilizado na terminologia jurídica em vários sentidos:
>
> *Lançamento.* Na terminologia forense, possui sentido equivalente a *exclusão.* Assim, quando se *lança do prazo*, é considerado extinto, para que não se permita mais a prática do ato, que nele se poderia executar. E quando se alude ao *lançamento da prova* quer significar a inadmissão ou exclusão de quaisquer mais provas.
>
> *Lançamento.* Na linguagem fiscal, é o ato pelo qual o lançador ou coletor, arbitrando ou estimando a contribuição ou imposto a ser pago pelo contribuinte, segundo as tarifas instituídas e o valor do negócio ou da propriedade, *coleta* ou *fixa* a mesma contribuição nos livros fiscais. É a *taxação de impostos* e sua inscrição.
>
> (...).
>
> *Lançamento.* Na tecnologia mercantil, exprime o vocábulo todo *assento* ou *registro* das operações comerciais, realizadas por um comerciante ou estabelecimento comercial em seus livros de Contabilidade.
>
> *Lançamento*, neste sentido, é equivalente a escrituração, em virtude do quê todos os atos e fatos mercantis são escriturados devidamente, para cumprimento das exigências legais.
>
> Para tanto, as leis comerciais instituem as regras que devem ser obedecidas em tais *lançamentos*, seja no Diário ou no Copiador, livros de uso obrigatório.
>
> Os lançamentos devem ser promovidos em forma mercantil, isto é, segundo o estilo e a técnica adotados pela Contabilidade ou, propriamente, pela escrituração mercantil.
>
> Esta é estabelecida em fórmulas, que se dizem *partidas simples* ou *partidas dobradas*.
>
> (...).
>
> *Lançamento.* É também tomado no sentido de *fundação*, *instituição* ou *iniciativa*.

E, nestas acepções, são comuns as frases *lançamento do empréstimo*, para indicar a iniciativa ou oferecimento de um empréstimo ou colocação de títulos, em que o mesmo se vai efetivar.

*Lançamento da pedra fundamental*, para significar o início ou fundação de um edifício ou monumento, que vai erigir.

*Lançamento de uma ideia*, a propagação ou instituição de um plano ou de uma organização, e de uma teoria ou sistema, que se pretende estabelecer.[66]

Pedro Nunes anota quatro significados para a palavra "lançamento":

(...). 1 (Cont.) – Registro a débito ou a crédito de uma conta. Assentamento gráfico, com o histórico, de uma operação mercantil nos livros competentes de uma empresa. A verba escriturada. Inscrição de uma partida em livros de contabilidade. 2 (Fin.) – Processo por meio do qual a repartição fazendária de uma entidade de direito público leva a débito do cidadão o imposto que sobre ele fez recair, segundo a sua capacidade contributiva. 3 (Dir. Jud. Pen.) – Perempção da acusação, em delito de ação privada, por não terem sido promovidas certas formalidades exigidas, dentro do prazo legal. 4 (Dir. Jud. ) – Fato de não mais poder-se produzir prova testemunhal em juízo, por haver decorrido a dilação estabelecida para este fim.[67]

Maria Helena Diniz, por sua vez, anota o significado de "lançamento" nas diversas áreas do Direito, assim:

1. Direito comercial: a) verba escriturada; b) escrituração de verba em livros mercantis. 2. Direito agrário: a) aproximação da fêmea e do macho para cobrição; b) ato de cobrição. 3. Direito autoral: a) primeira edição de uma obra literária; b) primeira apresentação de um artista ou de um filme. 4. Direito tributário: complexo de operações efetuadas para organizar mapas dos contribuintes, sejam pessoas físicas ou jurídicas. 5. Direito processual civil: lanço. 6. Direito processual penal: ato pelo qual o magistrado, em determinados casos, afasta da ação penal pública o querelante, pela não apresentação do libelo no prazo legal, declarando-a perempta e devolvendo-a ao Ministério Público. 7. Direito marítimo: ato de lançar uma embarcação ao mar.[68]

No Código Tributário Nacional a palavra "lançamento", evidentemente, não está utilizada nos sentidos que tem em outros ramos do Direi-

---

66. De Plácido e Silva, *Vocabulário Jurídico*, vol. III, Rio de Janeiro, Forense, 1987, p. 46.

67. Pedro Nunes, *Dicionário de Tecnologia Jurídica*, vol. II, Rio de Janeiro/São Paulo, Freitas Bastos, 1974, p. 778.

68. Maria Helena Diniz, *Dicionário Jurídico*, cit., vol. 3, p. 57.

to ou em Contabilidade, e sim no sentido que tem em direito tributário. E, evidentemente, não tem o sentido de complexo de operações efetuadas para organizar mapas dos contribuintes. Tem o sentido específico registrado por Maria Helena Diniz para a expressão "lançamento tributário", transcrevendo a doutrina de Paulo de Barros Carvalho, Geraldo Ataliba e Estevão Horvath, assim:

> Direito tributário. 1. Ato jurídico administrativo, da categoria dos simples, modificativos ou assecuratórios e vinculados, mediante o qual se declara o acontecimento do fato jurídico tributário, se identifica o sujeito passivo da obrigação correspondente, se determina a base de cálculo e a alíquota aplicável, formalizando o crédito e estipulando os termos de sua exigibilidade (Paulo de Barros Carvalho). 2. Taxação de impostos e sua inscrição no livro fiscal pelo lançador para efeito de arrecadação e fiscalização. 3. Fixação do valor da obrigação do contribuinte ante a ocorrência do fato gerador do tributo. 4. Ato administrativo de verificação da ocorrência do fato gerador do crédito fiscal, de cálculo do *quantum* a ser pago pelo contribuinte; de identificação do sujeito passivo e de propor a aplicação de penalidade cabível. 5. Individualização da obrigação, figurada abstrata e hipoteticamente na lei e concretizada pela ocorrência do fato gerador (Geraldo Ataliba). 6. Ato administrativo declaratório de caráter obrigatório com a finalidade de criar formalmente a obrigação tributária (Geraldo Ataliba). 7. Verificação oficial da ocorrência do fato gerador e da determinação precisa e caracterizada de todos os seus aspectos (Geraldo Ataliba). 8. Procedimento de gestão tributária ou conjunto de atos tendentes à cobrança do crédito tributário (Estevão Horvath). 9. Ato jurídico administrativo que declara o acontecimento do fato jurídico tributário, identifica o sujeito passivo da obrigação correspondente e determina a base de cálculo e a alíquota aplicável, formalizando o crédito e estipulando os termos de sua exigência (Estevão Horvath).[69]

Como se vê, a palavra "lançamento" tem, mesmo no direito tributário, mais de um significado. Assim, talvez para superar as dificuldades decorrentes dessa plurissignificação, o legislador resolveu definir o *lançamento* no âmbito do direito tributário.

### 5.4.2 *Definição legal*

O Código Tributário Nacional define lançamento como "o procedimento administrativo tendente a verificar a ocorrência do fato gerador

69. Idem, p. 58.

da obrigação tributária correspondente, determinar a matéria tributável, calcular o montante do tributo devido, identificar o sujeito passivo e, sendo caso, propor a aplicação da penalidade cabível".

Como se vê, o legislador optou pela corrente doutrinária que define o lançamento como um *procedimento*. Embora em alguns de seus dispositivos reporte-se ao lançamento como *ato* administrativo, preferiu defini-lo como *procedimento*. Não obstante, ao criticarem a referida definição legal, alguns doutrinadores ainda sustentam ser o lançamento um *ato* administrativo.

Adiante vamos examinar as críticas da doutrina à definição legal de lançamento. Desde logo, porém, ressaltamos a significativa valia dessa definição para superar as divergências em torno da questão de saber se o lançamento é um ato administrativo ou um procedimento; e ainda, quando conjugada com outros dispositivos do Código, especialmente com seu art. 144, supera também a controvérsia entre os que sustentavam ter o lançamento natureza constitutiva e os que lhe atribuíam natureza meramente declaratória.

Na parte final da definição legal de lançamento está dito que o procedimento propõe, se for o caso, a aplicação da penalidade cabível. Na verdade, com o lançamento ocorre, se for o caso, a aplicação e não apenas a proposta de aplicação da penalidade cabível.

### 5.4.3 *Críticas à definição legal de lançamento*

Alguns doutrinadores criticam fortemente diversos dispositivos do CTN, e o art. 142 não escapou a essas críticas. Paulo de Barros Carvalho, por exemplo, afirma que:

> Lançamento é ato jurídico e não procedimento, como expressamente consigna o art. 142 do CTN. Consiste, muitas vezes, no resultado de um procedimento, mas com ele não se confunde. É preciso dizer que o procedimento não é imprescindível para o lançamento, que pode consubstanciar ato isolado, independente de qualquer outro. Quando muito o procedimento antecede e prepara a formação do ato, não integrando com seus pressupostos estruturais, que somente nele estarão contidos.[70]

70. Paulo de Barros Carvalho, *Curso de Direito Tributário*, 15ª ed., São Paulo, Saraiva, 2003, p. 386.

Luciano da Silva Amaro também critica o art. 142 do CTN, escrevendo:

> O conceito legislado apresenta várias impropriedades.
>
> Começa por dizer que o lançamento *constitui* o crédito tributário, o que poderia representar uma opção pela tese da natureza constitutiva daquele ato administrativo, não fosse isso desmentido por várias outras disposições do mesmo Código, consoante já assinamos linhas atrás.
>
> Define lançamento não como *ato* da autoridade, mas como *procedimento administrativo*, o que pressuporia a prática de uma *série de atos* ordenada e orientada para a obtenção de um determinado resultado. Ora, o lançamento não é procedimento, é ato, ainda que praticado após um procedimento (eventual, e não necessário) de investigação de fatos cujo conhecimento e valorização se façam necessários para a consecução do lançamento.
>
> Afirma, ainda, que o lançamento seria *tendente* a verificar a ocorrência do fato gerador etc. Ora, o Código Tributário Nacional confunde aí o lançamento com as investigações que a autoridade possa desenvolver e que objetivem (tendam a) verificar a ocorrência do fato gerador etc., mas que, obviamente, *não configuram lançamento*. A ação da autoridade administrativa (investigação) é que objetiva a consecução de eventual lançamento. Efetivado o lançamento, porém, este não "tende" para coisa nenhuma, ele *já é o resultado da verificação da ocorrência do fato gerador*, mesmo porque sem que se tenha previamente verificado a realização desse fato descabe o lançamento. Em suma, o lançamento não tende nem a verificar o fato, nem a determinar a matéria tributável, nem a calcular o tributo, nem a identificar o sujeito passivo. O lançamento pressupõe que todas as investigações eventualmente necessárias tenham sido feitas e que o fato gerador tenha sido identificado nos seus vários aspectos subjetivo, material, quantitativo, espacial, temporal, pois só com essa prévia identificação é que o tributo pode ser lançado.
>
> Por fim, pretende o Código que seja ainda "tendente a (...) sendo o caso, propor a aplicação da penalidade cabível". Tem-se aqui a impressão de que o lançamento corresponderia a um inquérito fiscal que tenderia (isto é, poderia levar) a uma acusação de prática de ilícito tributário. No lançamento a autoridade poderia propor (não se diz para quem) a aplicação da penalidade cabível (é óbvio que penalidades "incabíveis" não poderiam ser propostas). Não necessariamente o lançamento culminaria com a tal "proposta de penalidade", já que ele seria apenas uma *tendência* a essa propositura. Menos que libelo, ele configuraria mero inquérito. E com isso poderíamos ter, abrangida pelo conceito de lançamento, uma série de investigações que em nada resultassem, mas que teriam *tendido* a uma eventual proposta de penalidade. Ora, lançamento tributário nada tem que

ver com inquérito, investigação, interrogatório, mediante o qual se busque detectar a ocorrência de eventual infração.[71]

Alberto Xavier diz que a definição legal de lançamento albergada pelo art. 142 do CTN enferma de quatro defeitos capitais. E assim os indica:

O primeiro consiste no equívoco de definir-se o lançamento como procedimento, quando em rigor ele é um ato jurídico, mais precisamente o ato administrativo que conclui aquele mesmo procedimento. Defeito mais grave quanto é certo que a existência de um procedimento, ainda que rudimentar, não é essencial à existência do lançamento – que em certos casos pode dele prescindir. E ainda que a utilização do mesmo termo – lançamento – para designar ambas as realidades, o procedimento e o ato, ora um, ora o outro, exprime manifesto desrespeito pelas regras de rigor terminológico científico e tem sido causa de graves perplexidades em diversos domínios, especialmente nos da decadência e prescrição, como adiante se verá.

O segundo vício radica no caráter meramente descritivo, mal ajustado a uma definição, que se requer precisa e concisa. Na verdade, a referência a "verificar a ocorrência do fato gerador", "determinar a matéria tributável", "calcular o montante do tributo devido", "identificar o sujeito passivo", traduz-se numa enumeração exemplificativa de operações lógicas que se englobam no processo subsuntivo de aplicação da lei tributária aos fatos concretos. Enumeração desprovida de qualquer rigor, pois propicia confundir operações lógicas com atos jurídicos, além de encobrir, sob a aparência de uma pluralidade de realidades referidas, sejam atos ou simples operações intelectivas, o caráter unitário do ato administrativo de aplicação da lei.

O terceiro erro traduz-se na afirmação de que o lançamento tem por objeto "propor a aplicação de penalidade cabível". Trata-se de defeito sobremodo grave – e que deu azo a inúmeros equívocos na construção jurídica do auto de infração –, uma vez que coloca no mesmo plano, confundindo-as, a norma tributária material – reguladora dos tributos – e a norma penal tributária – que rege as penalidades. Assim fazendo, o art. 142 do CTN entra em conflito aberto com o art. 3º do mesmo Código, o qual – de modo cientificamente discutível, mas certeiramente quanto ao fundo – afirma que o tributo não tem a natureza de sanção de ato ilícito. Lançamento é o ato de aplicação da norma material, de tal modo que o ato de aplicação da penalidade é ato administrativo de diversa natureza. Acresce que a referência à proposta de aplicação de penalidade sugere – o que não é exato – que as autoridades administrativas não têm competência para, por si sós, aplicar penalidades, antes devendo submeter as suas propostas à outra ou outras autoridades, estas dotadas de verdadeiros poderes de decisão.

71. Luciano Amaro, *Direito Tributário Brasileiro*, 9ª ed., São Paulo, Saraiva, 2003, pp. 333-334.

> O quarto defeito está na menção a que o lançamento tem por fim "constituir o crédito tributário", ensejando a interpretação de que este ato administrativo se revestiria de caráter constitutivo, que não simplesmente declarativo, da obrigação tributária, como é opinião dominante da doutrina nacional e parece resultar do art. 113, § 1º, do CTN, ao estabelecer que a obrigação tributária decorre da verificação do fato gerador. É certo que a expressão "crédito tributário" tem, na sistemática do Código Tributário Nacional, um significado preciso, a saber, a relação jurídica tributária objeto de prévio lançamento, significado cujo rigor e alcance será adiante examinado com maior detença. Por ora basta sublinhar que a referência à "constituição" do crédito, não sento em si mesma absolutamente inexata, como se verá, não quadra bem numa definição legal do lançamento, que não tem que se pronunciar quanto à eficácia deste ato no que tange ao nascimento da obrigação tributária.[72]

A nosso ver, apenas dois pontos da definição legal de lançamento merecem reparos. No procedimento de lançamento nem sempre se tem de calcular o valor do tributo. E não se propõe a aplicação da penalidade cabível. Aplica-se essa penalidade. A esse respeito já escrevemos:

> A definição de lançamento está no art. 142 do CTN, que, entretanto, não deve ser interpretada literalmente, porque alberga duas impropriedades. A primeira consiste em dizer que no lançamento se tem de *calcular* o montante do tributo devido. É sabido que existem os denominados tributos fixos, cujo montante independe de cálculo. É sabido também que no crédito se incluem as penalidades pecuniárias. Por isto, preferimos dizer que no lançamento se tem de *calcular ou por outra forma definir o valor do crédito tributário*. Por outro lado, a expressão literal do art. 142 do CTN expressa uma contradição em seus próprios termos. Se o lançamento constitui o crédito tributário, tornando líquida e certa a obrigação correspondente, não se compreende que apenas *proponha* a *aplicação* da penalidade cabível, conforme o caso. O que na verdade a autoridade administrativa faz, com o lançamento, é *aplicar* a penalidade. Somente assim é possível determinar o montante do crédito tributário. Sem que esteja aplicada a penalidade não é possível calcular o montante do crédito tributário de cuja constituição se cogita, porque a penalidade pecuniária integra esse montante.
>
> *Lançamento tributário*, portanto, é *o procedimento administrativo tendente a verificar a ocorrência do fato gerador da obrigação correspondente, identificar o seu sujeito passivo, determinar a matéria tributável e calcular ou por outra forma definir o montante do crédito tributário, aplicando, se for o caso, a penalidade cabível*. Esta é a definição de lança-

---

72. Alberto Xavier, *Do Lançamento – Teoria Geral do Ato, do Procedimento e do Processo Tributário*, 2ª ed., Rio de Janeiro, Forense, 1997, pp. 24-26.

mento, contida no art. 142 do Código Tributário Nacional, com alterações decorrentes da interpretação sistemática da referida norma, como acima demonstrado.[73]

### 5.4.4 *Observações em torno das críticas à definição de lançamento*

Paulo de Barros Carvalho, Luciano Amaro e Alberto Xavier são, seguramente, grandes expoentes do direito tributário em nosso País, e suas críticas ao Código Tributário Nacional merecem, portanto, todo o nosso respeito. No que concerne especificamente ao *lançamento tributário*, aliás, Xavier escreveu a melhor obra de doutrina que conhecemos. Dele até se pode discordar, mas com certeza não é fácil desenvolver argumentação consistente para refutar suas teses.

Não obstante, ousamos fazer algumas observações em torno dessas críticas doutrinárias à definição legal de lançamento tributário, porque nos parece que o art. 142 do Código deve ser entendido – como ocorre com as leis em geral – como obra do legislador, que não é um jurista. Além disso, na produção legislativa muita vez a redação de dispositivos resulta de circunstâncias que impõem concessões ao rigor terminológico como condição de sua aprovação. Seja como for, não se pode esquecer que aos doutrinadores cabe o importante papel de apontar os significados das prescrições normativas.

Por outro lado, encoraja-nos Pontes de Miranda quando escreve, a propósito dos seus comentários à Constituição Federal:

> Fez-se cânon da crítica moderna ser-lhe indispensável a simpatia. Interpretar lei não é criticá-la: é inserir-se nela, e fazê-la viver. A exigência, portanto, cresce de ponto em se tratando de Constituição. Com a antipatia não se interpreta, ataca-se; porque interpretar é pôr-se do lado do que se interpreta, numa intimidade maior do que permite qualquer anteposição, qualquer contraste, por mais consentinte, mais simpático, que seja, do intérprete e do texto. Portanto, a própria simpatia não basta. É preciso compenetrar-se do pensamento que esponta nas regras jurídicas escritas; e, penetrando-se nelas, dar-lhes a expansão doutrinária e prática que é o comentário *jurídico*. Só assim se executa o programa do jurista, ainda que, de quando em vez, se lhe juntem conceitos e correções *de lege ferenda*.[74]

---

73. Hugo de Brito Machado, *Curso de Direito Tributário*, cit., 34ª ed., p. 177.

74. Pontes de Miranda, *Comentários à Constituição de 1967*, t. I, São Paulo, Ed. RT, 1967, p. 5.

Inspirados nessa lição do Mestre alagoano é que fazemos essas observações em torno da crítica dos eminentes tributaristas ao art. 142 do Código Tributário Nacional, buscando simplesmente apontar uma interpretação, um sentido, que nos parece espontar dessa regra jurídica, na qual procuramos penetrar para expressar seu alcance doutrinário em nossos comentários.

Para tal fim, começamos por resumir aquelas críticas em três pontos importantes. Primeiro deles, o que encerra a questão de saber se o lançamento tributário é um ato administrativo ou um procedimento (críticas de Paulo de Barros Carvalho, Luciano Amaro e Alberto Xavier, entre outros). Segundo, o que diz respeito ao uso do verbo "constituir", que poderia ser mal interpretado e, assim, contribuir para a reabertura da velha questão em torno da natureza jurídica do lançamento. Terceiro, o que envolve a questão de saber se o valor da penalidade pecuniária integra o crédito tributário.

#### *5.4.4.1* Lançamento como *ato* e como *procedimento*

Nas críticas doutrinárias à definição de lançamento tributário, contida no art. 142 do CTN, o primeiro dos pontos por nós destacados diz respeito à questão de saber se o lançamento é um *procedimento* ou um *ato* administrativo. A tese de que o lançamento é um ato administrativo merece respeito, até porque, como já visto nestes comentários, tem sido sustentada por tributaristas os mais autorizados. Realmente, significativa parte da doutrina brasileira tem afirmado que o lançamento é um *ato* administrativo, e não um *procedimento*.[75] A nosso ver, porém, a expressão "lançamento tributário" tanto pode ser – e tem sido – utilizada para designar um *ato* administrativo como para designar um *procedimento* administrativo. E talvez até mesmo para designar um *processo* administrativo.

Um exame do significado da palavra "procedimento", tal como utilizada na doutrina do direito administrativo, talvez nos ajude a com-

---

75. Cf.: Paulo de Barros Carvalho, *Curso de Direito Tributário*, 13ª ed., São Paulo, Saraiva, 2000, pp. 383-398; José Eduardo Soares de Melo, *Curso de Direito Tributário*, São Paulo, Dialética, 1997, p. 200; Alberto Xavier, *Do Lançamento no Direito Tributário Brasileiro*, São Paulo, Resenha Tributária, 1977, pp. 39 e ss., e *Do Lançamento – Teoria Geral do Ato, do Procedimento e do Processo Tributário*, cit., 2ª ed., pp. 23 e ss.; Roque Antonio Carrazza, *Curso de Direito Constitucional Tributário*, 29ª ed., São Paulo, Malheiros Editores, 2013, pp. 781-782; Sacha Calmon Navarro Coêlho, *Curso de Direito Tributário*, 2ª ed., Rio de Janeiro, Forense, 1999, p. 655.

preender melhor por que a mesma realmente se presta para designar o lançamento tributário. Maria Sylvia Zanella Di Pietro assevera:

> O procedimento é o conjunto de formalidades que devem ser observadas para a prática de certos atos administrativos; equivale a rito, a forma de proceder; o procedimento se desenvolve dentro de um processo administrativo.[76]

Já, o "processo", tomado o termo em sentido amplo, que envolve o procedimento administrativo, é sempre a forma de agir da Administração Pública. Sempre que esta decide, administra, executa, edita norma,

> (...) o ato final é sempre precedido de uma série de atos materiais ou jurídicos, consistentes em estudos, pareceres, informações, laudos, audiências, enfim, tudo o que for necessário para instruir, preparar e fundamentar o ato final objetivado pela Administração.[77]

Nem todo processo alberga um *procedimento*, porque nem sempre a lei exige determinada forma para a prática dos atos administrativos. Quando a atividade administrativa não atinge os direitos dos administrados, em regra a Administração é livre para escolher a forma dos atos que pratica e o modo de ordená-los. Quando, porém, a atividade administrativa atinge direitos dos administrados, em regra a lei impõe a observância de procedimentos que define. É o que acontece nos concursos públicos, nas licitações, nos processos disciplinares[78] e no lançamento tributário.

Seja como for, nem a afirmação de que o lançamento tributário é um *ato* nem a afirmação de que ele é um *procedimento* superam certas dificuldades teóricas e práticas que surgem na relação de tributação.

Quem afirma que o lançamento tributário é um *ato* por certo está fazendo referência ao ato do *procedimento*, com o qual a autoridade administrativa declara o valor do crédito tributário apurado. É inegável, porém, que se trata de um *ato* para cuja prática se faz necessário um *procedimento*. E a tese segundo a qual o lançamento é apenas um *ato* enfrenta desde logo a questão de saber se esse ato é a primeira declaração, feita no final da fase não contenciosa do *procedimento*, ou a última, da série de atos praticados com o objetivo de tornar líquida e certa a obrigação tributária e, assim, constituído o crédito tributário respectivo. Em outras palavras: enfrenta a questão de saber se o lançamento tributário

---

76. Maria Sylvia Zanella Di Pietro, *Direito Administrativo*, cit., 11ª ed., p. 483.
77. Idem, ibidem.
78. Idem, ibidem.

resta consumado com a lavratura do auto de infração, ou se somente estará completo com o julgamento definitivo do processo administrativo de determinação e exigência do crédito tributário.

Quem afirma que o lançamento tributário é um *procedimento* enfrenta a questão de saber quais seriam os atos integrantes deste nas hipóteses em que não ocorre disputa entre o Fisco e o contribuinte, quando este se conforma de pronto com a exigência de pagamento de tributo formulada em um ato único da autoridade administrativa. E, ainda, a questão de saber como se explica o lançamento por homologação, visto como neste o ato da autoridade é apenas um, vale dizer, a homologação – que, aliás, se pode consubstanciar na simples omissão administrativa nos casos em que, em face do pagamento antecipado, a autoridade administrativa não se manifesta até o final dos cinco anos contados do fato gerador do tributo.

Em qualquer desses casos, porém, é possível construir explicações razoáveis, de sorte que, a rigor, todas essas questões podem ser superadas. E ninguém nega que o Código utilizou a expressão "lançamento tributário" ora no sentido de ato, ora no sentido de procedimento. Por isso preferimos aceitar a definição albergada pelo art. 142 do CTN, até porque nas hipóteses nas quais a exigência tributária não é contestada administrativamente existe um *procedimento*, sim, consubstanciado por todos os atos praticados na apuração do tributo ou da penalidade, dos quais resulta a final a formulação formal da exigência. E nos casos de lançamento por homologação tem-se que integram o procedimento os atos praticados pelo sujeito passivo, na determinação do valor devido. Os atos *homologados*, e não apenas o ato de *homologação*, ou silêncio administrativo. Por outro lado, nos casos nos quais ocorre impugnação da exigência pelo sujeito passivo da obrigação tributária pode-se até dizer que há um processo de lançamento, na medida em que se estabelece um contraditório e se desenvolve verdadeira atividade jurisdicional administrativa.

O lançamento administrativo é, na verdade, um *procedimento*, no sentido de atividade que, por afetar direitos dos administrados, há de ser desenvolvida com obediência a certas formalidades legalmente impostas. Assim, por exemplo, há de ser sempre assegurado o direito de defesa ao contribuinte, que abrange o direito a uma decisão da autoridade sobre as objeções que colocar à determinação do tributo e o direito de recorrer dessa decisão à instância administrativa superior. Mesmo quando não exista a inconformação do contribuinte com a exigência do tributo cujo valor seja objeto da primeira declaração há de ser o contribuinte dela notificado, e a ele assegurado um prazo para se defender. Assim, além dos atos ditos preparatórios, haverá sempre mais de um ato a compor um procedimento que se destina a garantir os direitos fundamentais do administrado – vale dizer, do contribuinte.

Mais uma razão para considerarmos o lançamento como um *procedimento* administrativo, e não como simplesmente um ato, consiste na necessidade de notificação para que possa o mesmo produzir os efeitos que lhe são próprios.

Neste sentido ensina Luciano Amaro:

> O ato da autoridade, para que gere efeitos, deve ser objeto de *notificação* ao sujeito passivo. O efeito primordial dessa notificação é fazer atuar o dever do sujeito passivo de proceder ao recolhimento do tributo, que, antes, era inexigível por fato da condição legal de exigibilidade (traduzida justamente no lançamento notificado ao sujeito passivo).[79]

Falar-se de um lançamento tributário como simples *ato* administrativo, incapaz de produzir os efeitos que em geral são atribuídos ao lançamento, talvez não seja tão adequado quanto falar de lançamento tributário como um *procedimento*, no qual se inclui o ato final consubstanciado na notificação ao sujeito passivo.

Roque Antônio Carrazza, embora afirme que o lançamento "é um ato administrativo de aplicação da norma tributária material ao caso concreto", acrescenta que "a *notificação do lançamento* limita-se a adjudicar eficácia ao lançamento efetuado. Leva oficialmente ao conhecimento do contribuinte este ato administrativo".[80] E com isto confirma a vantagem do emprego da expressão "lançamento tributário" também para designar o procedimento que culmina com a existência de um crédito tributário efetivamente exigível.

#### *5.4.4.2* Procedimento *constitutivo* do crédito

O segundo ponto que destacamos das críticas doutrinárias à definição legal de lançamento diz respeito ao uso, naquela definição, do verbo "constituir", que poderia reabrir a velha questão da natureza jurídica do lançamento tributário.

---

79. Luciano Amaro, *Direito Tributário Brasileiro*, cit., 9ª ed., p. 337.

80. Roque Antonio Carrazza, *Curso de Direito Constitucional Tributário*, cit., 29ª ed., p. 781.

O emprego desse verbo nos parece uma consequência do modo como o Código Tributário Nacional tratou a relação jurídica tributária, denominando-a *obrigação* no momento anterior à sua liquidação e *crédito* depois de procedida essa liquidação. Essa forma especial de tratar a relação jurídica tributária chegou a ser notada no Estrangeiro, como se constata na lição de Fonrouge:

> Por su parte, la doctrina brasileña y algunos Códigos Tributarios latinoamericanos establecen una nítida separación entre "obligación" y "exigibilidad de la obligación". Según esta tendencia, la obligación de pagar u obligación tributaria principal nace al producirse el hecho generador, en tanto que la determinación [*lançamento*] tiene por fin constituir el crédito tributario, de modo que este acto tiene un efecto mixto: declarativo en cuanto al *nacimiento* de la obligación y constitutivo con respecto al crédito fiscal; (...).[81]

Na verdade, como assevera Luciano Amaro, "parece inegável que o lançamento acrescenta efeitos jurídicos novos na relação entre credor e devedor do tributo".[82] Adequada, portanto, é a solução adotada pelo Código Tributário Nacional, tratando obrigação tributária e crédito tributário como realidades jurídicas distintas.

Tudo isto já dissemos antes, prometendo voltar ao assunto nos comentários ao art. 142 do Código, como estamos fazendo. Se o crédito tributário é, na terminologia adotada pelo Código Tributário Nacional, uma realidade distinta daquela em seu âmbito designada como obrigação, nada mais natural que atribuir natureza constitutiva ao elemento do qual decorre a distinção entre obrigação e crédito – vale dizer: ao lançamento tributário.

#### *5.4.4.3* Integração do valor da penalidade pecuniária no crédito tributário

Um terceiro ponto que destacamos nas críticas à definição legal de lançamento tributário é o que envolve a questão de saber se o valor da penalidade pecuniária integra o crédito tributário. Na verdade, porém, crédito tributário não se confunde com tributo. Pode ter, e tem, conteúdo

81. Giuliani Fonrouge, *Derecho Financiero*, 2ª ed., vol. 1, Buenos Aires, Depalma, 1970, p. 487.

82. Luciano Amaro, *Direito Tributário Brasileiro*, 4ª ed., São Paulo, Saraiva, 1999, p. 320.

que comporta, além do tributo, também as penalidades pecuniárias. E não há nisto nenhuma impropriedade. O crédito é *tributário* porque diz respeito à relação de tributação, e do mesmo modo as penalidades são *tributárias* porque dizem respeito às infrações às leis tributárias. E nisto não se vê nenhum conflito com a definição de tributo albergada pelo art. 3º do CTN. O tributo efetivamente não constitui sanção de ato ilícito. A penalidade pecuniária, porém, constitui, sim, sanção de ato ilícito. A infração à lei tributária que enseja sua aplicação é um ato ilícito, do qual a penalidade pecuniária – vale dizer: a multa – é a sanção.

O art. 3º do CTN diz que o tributo não constitui sanção de ato ilícito. Não veda, porém, a cominação de penalidades pecuniárias como sanções de atos ilícitos configurados pelas infrações à lei tributária – vale dizer: pelo inadimplemento da obrigação tributária, seja principal, seja acessória. Tais infrações são atos ilícitos que ensejam a aplicação de penalidades pecuniárias, e o valor destas pode integrar o crédito tributário.

Paulo de Barros Carvalho prefere sustentar que o lançamento se refere ao tributo, sendo a aplicação de penalidade coisa distinta, embora estejam reunidos no mesmo documento:

> Em súmula, dois atos administrativos, ambos introdutores de norma individual e concreta no ordenamento positivo: um, de lançamento, produzindo regra cujo antecedente é o fato lícito e o consequente uma relação jurídica de tributo; o outro, o auto de infração, veiculando u'a norma que tem, no suposto, a descrição de um delito e, no consequente, a instituição de liame jurídico sancionatório, cujo conteúdo da prestação tanto pode ser um valor pecuniário (multa) como uma conduta de fazer ou de não fazer.
>
> Tudo seria mais simples, realmente, se o auto de infração apenas conduzisse para o ordenamento a mencionada regra individual e concreta que mencionei. Nem sempre é assim. Que de vez, sob a epígrafe "auto de infração", deparamo-nos com dois atos: um de lançamento, exigindo o tributo devido; outro de aplicação de penalidade, pela circunstância de o sujeito passivo não ter recolhido, em tempo hábil, a quantia pretendida pela Fazenda. Dá-se a conjugação, num único instrumento material, sugerindo até possibilidades híbridas. Mera aparência. Não deixam de ser duas normas jurídicas distintas postas por expedientes que, por motivos de comodidade administrativa, estão reunidos no mesmo suporte físico.
>
> Pela frequência com que ocorrem essas conjunções, falam alguns em "auto de infração" no sentido largo (dois atos no mesmo instrumento) e "auto de infração" *stricto sensu* para denotar a peça portadora de norma

individual e concreta de aplicação de penalidade a quem cometeu ilícito tributário.[83]

Na verdade, não se trata de simples comodidade administrativa. Sempre foi assim, e assim deve ser, porque o lançamento tributário é procedimento destinado a constituir o crédito tributário. Tanto se presta para a apuração do valor do tributo devido como para a imposição da penalidade tributária. Não há nenhuma razão, seja prática ou teórica, para a utilização de dois instrumentos distintos.

Efetivamente, a expressão "auto de infração" designa a peça básica do procedimento administrativo de lançamento. "Auto" quer dizer "descrição". Auto de infração, portanto, é a descrição da infração cometida pelo sujeito passivo da obrigação tributária, que enseja a aplicação da correspondente penalidade. Pode ser concernente ao não cumprimento da obrigação tributária principal, quer dizer, ao não pagamento do tributo, ou ao não cumprimento de uma obrigação tributária acessória, quer dizer, à não emissão de uma nota fiscal, por exemplo, ou ao não registro de certo fato em um livro fiscal ou contábil do contribuinte.

Com a lavratura do auto de infração encerra-se a fase não contenciosa do procedimento. Com a notificação deste ao sujeito passivo da obrigação tributária formula a Fazenda Pública sua pretensão de receber o que entende ser a ela devido. Essa pretensão pode ser atendida pelo sujeito passivo da obrigação tributária, com o correspondente pagamento, ou pode ser objeto de impugnação, dando-se início, neste caso, à fase contenciosa do procedimento, instaurando-se a denominada jurisdição administrativa, que é o instrumento de controle da legalidade da exigência albergada pelo auto de infração.

O lançamento tributário, como procedimento administrativo destinado a constituir o crédito tributário, tanto pode referir-se à apuração do valor do tributo como ao valor da penalidade aplicada em razão de infração à lei tributária. Lançamento é aplicação da norma material. Não apenas da norma que define a hipótese de incidência do tributo, mas também da norma que define a hipótese de incidência da penalidade. Aplicar uma penalidade pecuniária cominada pela lei tributária é, para todos os efeitos, fazer um lançamento. Pelo menos é assim na terminologia do Código Tributário Nacional, em que o *crédito tributário* alberga tanto o valor do tributo como o valor das penalidades pecuniárias even-

83. Paulo de Barros Carvalho, *Curso de Direito Tributário*, cit., 15ª ed., p. 413.

tualmente devidas pelo sujeito passivo da obrigação tributária por ele não adimplida.

### 5.4.5 *Procedimento* tendente *a constituir*

Crítica severa é também desfechada contra o art. 142 do CTN porque no mesmo se diz que o lançamento é tendente a verificar a ocorrência do fato gerador da obrigação tributária etc., etc. No dizer de Amaro – repita-se –, o lançamento não "tende" para coisa nenhuma. Ele *é o resultado da verificação da ocorrência do fato gerador*. Sem que se tenha previamente verificado a realização desse fato, descabe o lançamento, porque este pressupõe que todas as investigações eventualmente necessárias já tenham sido realizadas e que o fato gerador da obrigação tributária já tenha sido identificado nos seus vários aspectos, pois somente assim é que o tributo pode ser lançado.

Ocorre que as palavras são geralmente dotadas de mais de um significado. Em Teoria do Direito a palavra "interpretação" significa o resultado da atividade do jurista de busca do significado de uma norma, mas significa também o resultado dessa atividade, vale dizer, o significado da norma. Assim, o verbo "tender", embora tenha o sentido que lhe atribui Luciano Amaro, significa também "visar", "ter em vista ou por fim".[84] E ainda, "destinar-se a".[85] Assim, a palavra "lançamento" pode significar a atividade administrativa, o *procedimento* administrativo que tem por fim constituir ou que se destina a constituir o crédito tributário. Pode-se, portanto, admitir que no art. 142 do CTN o tão criticado "tendente" tenha o significado de "visando a", ou "com a finalidade de", ou, ainda, que é "destinado a" constatar... Como está escrito naquele dispositivo legal, cabe ao intérprete buscar um significado capaz de compatibilizar a norma com o contexto no qual ela está encartada, e no contexto do Código Tributário Nacional é inegável que o *procedimento* de lançamento tem a finalidade de constituir o crédito tributário.

Aliás, não se pode desconhecer que o procedimento administrativo de lançamento pode até a final não alcançar aquela finalidade. No pro-

---

84. Aurélio Buarque de Holanda Ferreira, *Novo Dicionário Aurélio da Língua Portuguesa*, 2ª ed., 24ª impr., Rio de Janeiro, Nova Fronteira, 1986, p. 1.662; *Dicionário Houaiss da Língua Portuguesa*, Rio de Janeiro, Objetiva, 2001, p. 2.693; Silveira Bueno, *Minidicionário da Língua Portuguesa*, São Paulo, FTD, 1996, p. 635.

85. Academia das Ciências de Lisboa, *Dicionário da Língua Portuguesa Contemporânea*, Lisboa, Verbo, 2001, p. 3.539.

cesso de controle de sua legalidade pode a Administração, por seu órgão competente, chegar à conclusão de que não se deu o fato gerador da obrigação tributária, ou que o sujeito passivo desta não é aquela pessoa que estava a identificar como tal, ou que não se configurou a infração que ensejaria a aplicação da penalidade, e assim não consumar a constituição do crédito tributário. Por isto mesmo, não nos parece inadequada a utilização do verbo "tender", no sentido de buscar uma finalidade que nem sempre será alcançada.

### 5.4.6 *Lançamento como atividade plenamente vinculada e obrigatória*

O Código Tributário Nacional estabelece, expressa e claramente, que a atividade administrativa de lançamento tributário é vinculada e obrigatória, sob pena de responsabilidade funcional.[86] E com isto afasta, decididamente, a ideia de acordo entre a Administração Tributária e o contribuinte.

Assim, constatada a ocorrência do denominado fato gerador do tributo, a autoridade administrativa competente para fazer o lançamento do tributo tem o indeclinável dever de fazê-lo. E nesse contexto é que se coloca a necessidade de preservar o princípio da legalidade como garantia fundamental do contribuinte. Princípio que afasta a possibilidade de tributação fundada na analogia. Ou ocorre o *fato gerador* do tributo, legalmente definido, ou não ocorre. Se ocorre, o tributo é devido; e se não ocorre o tributo não é devido.

Daí decorre a enorme dificuldade no trato de certas figuras jurídicas, tais como abuso do direito, abuso de forma, dissimulação, simulação, economia de impostos, engenharia tributária, fraude fiscal, elisão, evasão e outras, das quais vamos tratar no capítulo seguinte, ao examinarmos os conceitos jurídicos relacionados ao planejamento tributário.

86. CTN, art. 142, parágrafo único.

*Capítulo II*

# *CONCEITOS RELACIONADOS AO PLANEJAMENTO TRIBUTÁRIO*



## *1. Considerações preliminares*

Muito antes da Lei Complementar 104, de 10.1.2001, que introduziu no Código Tributário Nacional dispositivo autorizando expressamente a autoridade administrativa a desconsiderar atos ou negócios jurídicos praticados com a finalidade de dissimular a ocorrência do fato gerador do tributo ou a natureza dos elementos constitutivos da obrigação tributária, observados os procedimentos a serem estabelecidos em lei ordinária, já existia entre nós a figura do planejamento tributário. E já existiam alguns dispositivos em leis tributárias com o objetivo de evitar práticas evasivas. O que não tínhamos era uma regra geral, denominada por alguns de *norma geral antielisão*, prescrevendo essa providência em relação aos tributos em geral.

No último capítulo cuidaremos especialmente dessa norma geral antielisão.

Aqui desenvolvemos estudos que até poderiam ter sido feitos antes da Lei Complementar 104/2001, examinando alguns conceitos da Teoria Geral do Direito e da Teoria do Direito Tributário, cuja compreensão nos parece importante para o estudo do planejamento tributário, antes e depois da referida lei complementar.

Pesquisamos, especialmente em dicionários, o significado das palavras e expressões utilizadas nos estudos do planejamento tributário, e vamos transcrever o que encontramos, ainda que consideremos equivocadas certas afirmações e ainda que em alguns textos existam defeitos que nos parecem resultar de falhas na revisão. Pretendemos, com isto, oferecer ao leitor um texto no qual estão postas as mais diversas manifestações sobre o tema, tal como se encontram nos livros por nós pesquisados.

## 2. *Conceitos da Teoria Geral do Direito*

### 2.1 *Considerações iniciais*

Vamos examinar diversos conceitos da Teoria Geral do Direito que eventualmente são colocados em questão pela doutrina, para indicarmos o que nos parece ser o significado adequado de cada um deles. E o fazemos com a convicção de que a grande maioria das divergências doutrinárias decorre precisamente da utilização inadequada de conceitos da teoria jurídica.

Não temos a ilusão de conseguir evitar as divergências em torno do assunto. Talvez até tais divergências cresçam diante de nossas colocações. Mesmo assim, a tese que neste livro desenvolvemos é nossa modesta contribuição para o estudo do planejamento tributário, que, a nosso ver, ainda padece de enorme deficiência, exatamente à míngua de atenção para conceitos da Teoria Geral do Direito e da Teoria do Direito Tributário.

Entendemos que o contribuinte tem, sim, direito ao *planejamento tributário*, desde que se mantenha na esfera da licitude. Essa é a tese que sustentamos, e para a compreensão da qual são de inegável utilidade os conceitos que vamos a seguir examinar.

### 2.2 *Abuso de direito*

Em nosso *Dicionário*, Schubert de Farias Machado e eu escrevemos:

> **Abuso de Direito** – Diz-se da conduta que aparentemente cumpre a lei, mas na verdade tende a realizar fins por esta proibidos. Em direito tributário, é comum a referência a abuso de direito para dizer-se da conduta do contribuinte que aparentemente evita a ocorrência do fato gerador

da obrigação tributária. É muito comum, assim, o seu uso nos estudos a respeito do denominado planejamento tributário.[1]

Vejamos o que afirmam outros dicionaristas a respeito dessa expressão, que define um conceito de grande interesse na Teoria Geral do Direito e tem decisiva importância no estudo do planejamento tributário.

Maria Helena Diniz registra:

> **Abuso de direito.** *Direito Civil.* Exercício anormal ou irregular de um direito, ou seja, além de seus limites e fins sociais, causando prejuízo a outrem, sem que haja motivo legítimo que o justifique. É um ato ilícito, que gera o dever de ressarcir o dano causado.[2]

Ana Prata, por seu turno, registra:

> **Abuso do direito** (*direito civil*) – O exercício de um direito deve situar-se dentro dos limites das regras da boa-fé, dos bons costumes, e ser conforme com o fim social ou econômico para que a lei conferiu esse direito: sempre que se excedam tais limites há abuso de direito.
>
> A ilegitimidade não resulta da violação formal de qualquer preceito legal concreto, mas da utilização manifestamente anormal, excessiva, do direito (art. 334º do CC). Tradicionalmente, entendia-se que o exercício abusivo do direito implicava que o respectivo titular tivesse intenção de prejudicar outrem, mas hoje a doutrina dominante é de opinião que o exercício do direito em violação dos limites que o art. 334º do CC lhe impõe constitui abuso, independentemente do *animus* ou até da consciência que o seu titular tenha do caráter abusivo do comportamento. A lei qualifica como ilegítimo o exercício abusivo de um direito, mas não enuncia as consequências sancionatórias do abuso, podendo elas ser de natureza diversa, compreendendo, designadamente, a restauração natural – eliminatória dos efeitos do acto abusivo –, a obrigação de indenizar ou a invalidade do acto ou negócio realizados com abuso de direito.[3]

Para indicar o sentido da expressão "abuso de direito", Deocleciano Torrieri Guimarães registra, com inteira propriedade:

> Exercício anormal de um direito, desvirtuando sua finalidade social com interesse de lesar a outrem. Os direitos, não sendo absolutos mas

---

1. Hugo de Brito Machado e Schubert de Farias Machado, *Dicionário de Direito Tributário*, São Paulo, Atlas, 2011, p. 1.

2. Maria Helena Diniz, *Dicionário Jurídico*, vol. 1, São Paulo, Saraiva, 1998, p. 32.

3. Ana Prata, *Dicionário Jurídico*, 3ª ed., Coimbra, Livraria Almedina, 1990, p. 11.

limitados em sua extensão e submetidos a pressupostos quanto ao seu exercício, se utilizados além desses limites tornam-se ilegítimos. Com o abuso cessa o direito. Assim se caracteriza o abuso: exercício que vai além da necessidade determinada por sua destinação individual, prática sem utilidade para o titular; exercício com dano para outra pessoa. O novo Código Civil acolhe o abuso de direito como ato ilícito.[4]

Há quem sustente ser incorreto cogitar do *abuso de direito* em tema de planejamento tributário e aponte divergência na doutrina sobre a necessidade da intenção de prejudicar outrem para sua caracterização, embora aponte como elemento necessário a lesão ao direito de terceiro. É a lição de Schoueri, que escreve:

> Pensamos ser impróprio cogitar de abuso de direito em caso de planejamento tributário. Claro que o legislador pode considerar abusivo o comportamento do contribuinte; pode até mesmo denominá-lo "abuso do direito". Ainda assim, será impróprio equiparar tal situação ao abuso do direito, como conhecido na tradição do direito privado.
>
> (...).
>
> Independentemente da postura que se adote, a caracterização do abuso do direito exigirá, em qualquer caso, que do exercício de um direito se atinja direito alheio. O direito de cada um, diziam nossos Mestres – reproduzindo o que a boa educação já ensina em casa –, termina quando começa o do outro. Daí ser imperativo indagar qual o direito que teria sido atingido no caso do abuso do direito em matéria tributária.[5]

Certamente não faltará quem aponte como direito atingido, no abuso de direito que poderia estar configurado em um planejamento tributário, o direito do Fisco. O que nos parece extremamente difícil é dizer quando realmente está configurado o abuso de direito. Quando se pode considerar anormal o exercício do direito pelo contribuinte.

Realmente, no plano da teoria não é difícil saber o que significa a expressão "abuso de direito". Entretanto, é difícil saber, diante de uma situação concreta, se ele está, ou não, configurado. Em outras palavras: é fácil o estudo das questões, em tese; difícil é o enquadramento de cada caso concreto.

Não temos dúvida de que o *abuso de direito* está no campo da ilicitude, porque o vigente Código Civil, ao cuidar dos atos ilícitos, estabelece que:

---

4. Deocleciano Torrieri Guimarães, *Dicionário Compacto Jurídico*, 13ª ed., São Paulo, Rideel, 2009, p. 16.

5. Luís Eduardo Schoueri, "Planejamento tributário: limites à norma antiabuso", *Direito Tributário Atual* 24/348, São Paulo, IBDT/Dialética, 2010.

Também comete ato ilícito o titular de um direito que, ao exercê-lo, excede manifestamente os limites impostos pelo seu fim econômico ou social, pela boa-fé ou pelos bons costumes.[6]

Entretanto, toda a questão está em saber quando ocorre o abuso, vale dizer, quando o titular de um direito *excede manifestamente os limites impostos pelo seu fim econômico ou social, pela boa-fé e pelos bons costumes*. Por isto mesmo se pode considerar que a norma geral antielisão é útil na medida em que permite seja adotada a desconsideração do ato ou negócio jurídico para fins tributários sem questionamento a respeito da configuração do abuso de direito, vale dizer, sem questionamento a respeito da ilicitude do ato ou negócio desconsiderado, mediante procedimento especial para esse fim e sem imposição de penalidade ao contribuinte.

## *2.3 Abuso de forma*

A expressão "abuso de forma" geralmente não está registrada nos dicionários. Pode ser entendida como indicativa do uso indevido de determinada forma jurídica para a prática de atos ou negócios, com a finalidade de evitar a incidência de imposto.

Neste sentido, equipara-se à expressão "abuso de direito", sendo válido a seu respeito tudo o que se disse em relação a este.

## *2.4 Dissimulação*

Dissimulação é o ato ou o efeito de "dissimular", palavra empregada no parágrafo único do art. 116 do CTN para indicar a conduta com a qual o contribuinte praticaria um ato ou negócio jurídico tentando esconder a ocorrência do fato gerador do tributo.

A dissimulação justifica, nos termos do referido dispositivo legal, a desconsideração, para fins tributários, do ato praticado para esconder o que ocorreu.

Na linguagem comum a palavra "dissimulação" tem mais de um significado, a saber: 1. Ato ou efeito de dissimular (-se). 2. Encobrimento das próprias intenções. 3. Disfarce, fingimento, hipocrisia, refolho".[7]

---

6. CC de 2002 (Lei 10.406, de 10.1.2002), art. 187.

7. Aurélio Buarque de Holanda Ferreira, *Novo Aurélio – Dicionário da Língua Portuguesa*, Rio de Janeiro, Nova Fronteira, 1999, p. 693.

Idênticos são os significados dessa palavra registrados em dicionário editado em Portugal.[8]

Na linguagem jurídica o significado da palavra "dissimulação" não é diferente. Vejamos o que registra De Plácido e Silva:

> **Dissimulação.** Do Latim *dissimulatio*, de *dissimulare*, embora tendo sentido equivalente a simulação (disfarce, fingimento), é mais propriamente indicado como *ocultação*.
>
> É mais próprio à terminologia do *direito fiscal*, para indicar a ocultação de mercadorias, escondidas para *sonegação do imposto*.
>
> A *dissimulação de rendimentos* vem a significar a falsificação da declaração, onde se mencionam as rendas, que estão sujeitas ao pagamento do imposto próprio.[9]

Em síntese bem feita, Deocleciano Torrieri Guimarães registra:

> **Dissimulação** – É o ato de enganar para se ocultar a verdadeira realidade.[10]

A nosso ver, a verdadeira questão reside em saber se a ocultação diz respeito a fatos, como algo do mundo fenomênico, ou a significado jurídico de fatos, como algo do mundo jurídico, onde tudo resulta da incidência de regras jurídicas. Tratando-se da ocultação de fatos, não há dúvida de que a *dissimulação* leva o contribuinte para o campo da ilicitude, e justifica, portanto, a desconsideração de seus atos ou negócios, não somente para efeitos tributários, mas para todos os efeitos jurídicos.

## *2.5 Simulação*

Na linguagem comum, *simulação* tem vários significados, como se pode ver do registro que se encontra no dicionário mais conhecido de nossa Língua, nestes termos:

> **Simulação**: [Do Latim *simulatione*] S.f. 1. Ato ou efeito de simular. 2. Disfarce, fingimento, simulacro. (...). 3. Hipocrisia, fingimento, impos-

---

8. Academia de Ciências de Lisboa, *Dicionário da Língua Portuguesa Contemporânea*, Lisboa, Verbo, 2001, p. 1.281.

9. De Plácido e Silva, *Vocabulário Jurídico*, vol. III, Rio de Janeiro, Forense, 1987, p. 103.

10. Deocleciano Torrieri Guimarães, *Dicionário Compacto Jurídico*, cit., 13ª ed., p. 103.

tura, (...). 4. Reprodução ou representação de um processo, fenômeno ou sistema relativamente complexo, por meio de outro, para fins científicos ou de observação, análise e predição, ou para treinamento, diversão etc. 5. Experiência ou ensaio realizado com o auxílio de modelo [v. modelo (18)], esp. de modelos computacionais relativos ou objetos concretos que não podem ser submetidos a experimentação direta. 6. *Jur*. Declaração enganosa de vontade, com o objetivo de produzir efeito diferente daquele que nela se indica. 7. *Psicol*. Imitação de uma perturbação somática ou psíquica com fins utilitários.[11]

Na linguagem jurídica a palavra "simulação" tem significado idêntico. Em excelente síntese, tal como a elaborada para o significado da palavra "dissimulação", Deocleciano Torrieri Guimarães registra:

**Simulação.** Defeito do ato jurídico consistente em não manifestar a vontade real.[12]

João Melo Franco e Herlander Antunes Martins, colhendo as lições de autores que indicam, fazem vários registros para a palavra "simulação", entre os quais destacamos:

**Simulação** – é o desacordo entre a vontade real e a declarada, intencional, realizado com intuito de enganar, e estabelecido por acordo entre todos aqueles cujas vontades condicionaram a formação do negócio jurídico (Beleza dos Santos, *A Simulação em Direito Civil*, 1955, 1º, 61).

**Simulação** – a simulação não se confunde com a fraude à lei, pois a simulação nem sempre é fraudulenta, podendo simular-se sem que se procure iludir a lei, da mesma maneira que se pode usar de fraude à lei sem que se empregue a simulação para tal fim (Beleza dos Santos, *A Simulação em Direito Civil*, 1955, 1º, 93).

**Simulação** – é a divergência entre a vontade e a declaração, estabelecida por acordo entre as partes com o intuito de enganar terceiros (G. Telles, *Manual dos Contratos em Geral*, 151).

**Simulação** (no casamento) – consiste especialmente no acordo das partes em se não sujeitarem às obrigações e não exercitarem os direitos que, essencialmente, decorrem do matrimônio (A. Varela, *Direito de Família*, 1980-309).

**Simulação** – é a divergência entre vontade real e vontade declarada resultante dum acordo entre declarante e declaratário, ou qualquer interes-

11. Aurélio Buarque de Holanda Ferreira, *Novo Aurélio – Dicionário da Língua Portuguesa*, cit., p. 1.857.

12. Deocleciano Torrieri Guimarães, *Dicionário Compacto Jurídico*, cit., 13ª ed., p. 218.

sado no negócio, no intuito de enganar terceiros (Castro Mendes, *Direito Civil – Teoria Geral*, 1979, III-322).

**Simulação** – verifica-se quando o declarante emite uma declaração não coincidente com a sua vontade real, por força de um conluio com o declaratário, com a intenção de enganar terceiros (Mota Pinto, *Teoria Geral do Direito. Civil*, 3ª ed.-463).

**Simulação** – simular é tornar semelhante, dar aparência e semelhança ao que não é verdadeiro. A simulação pode comparar-se a um fantasma; a dissimulação é uma máscara – é este o ponto de partida adotado por Ferrara (cf. Alberto Anvicchiuolk *A Simulação no Negócio Jurídico*, 36, nota).[13]

De Plácido e Silva, com explicação relativamente longa para um dicionário, esclarece muito bem o significado da palavra "simulação", escrevendo:

**Simulação.** Do Latim *simulatio*, de *simulare* ("usar fingimento", "usar artifício"), a *simulação* é o *artifício* ou o *fingimento* na prática ou na execução de um ato, ou de um contrato, com a intenção de *enganar* ou de mostrar o *irreal como verdadeiro*, ou lhe *dando aparência que não possui*.

*Simulação*, pois, é o *disfarce*, o *simulacro*, a *imitação*, a *aparência*, o *arremedo* ou qualquer prática que se afasta da realidade ou da verdade, no desejo de mostrar ou de fazer crer coisa diversa.

Embora a simulação vise a esconder a verdade acerca do que se fez ou se procure aparentar o que não é real, desde que assentada no ficto, não se confunde nem é, a rigor, falsidade.

A simulação já surge com a própria feitura do ato. É vício que nasce com o ato, desde que se obrou com a intenção de enganar, de ludibriar. A falsidade é vício que se pode somente ver no ato escrito, na sua feitura, ou posteriormente, por vezes, com a intenção de prejudicar uma das próprias partes. A simulação tende a prejudicar a terceiros, havendo conluio das partes que a promovem, mesmo quando resulta de convenção verbal.

A *simulação* resulta do *fingimento* para *aparentar a realidade de uma intenção que não é verdadeira*, e que disfarça por esse fingimento.

A *falsidade* é a *adulteração intencional para substituir a verdade* pela falsa ideia do que se maquinou.

Por outro lado, a simulação não é dissimulação. Esta é mero ato de ocultação para encobrir a realidade do que se fez ou executou. É o *encobrimento da verdade*.

*Simulação*, no sentido jurídico, sem fugir ao sentido normal, é o *ato jurídico aparentado enganosamente* ou *com fingimento*, para esconder a

---

13. João Melo Franco e Herlander Antunes Martins, *Dicionário de Conceitos e Princípios Jurídicos*, 2ª ed., Coimbra, Livraria Almedina, 1988, p. 749.

real intenção ou para *subversão da verdade*. Na simulação, pois, visam sempre os simuladores aos fins ocultos para engano e prejuízo de terceiros.

Praticamente, a simulação resulta da substituição de um ato jurídico por outro, ou da prática de um ato sob a aparência de um outro, como com a alteração de seu conteúdo ou de sua data, para esconder a realidade do que se pretende.

Assim, a doação que se faz *sob aparência de venda*, a venda que se promove *sob aparência de um depósito*, ou a locação contratada *sob modalidade de venda*, revelam simulações. Indicam-se contratos que se realizam *sob fingimento* ou *sob disfarce, escondendo a realidade dos verdadeiros contratos*.

No entanto, a simulação somente se converte em vício ou defeito jurídico, que afete a validade do contrato, *quando houver intenção de prejudicar a terceiro* ou *de violar a lei*. (arg. *a contrario* do art. 103 do CC). Assim, somente a *fraude* atribuirá à simulação o caráter de vício suficiente para anular o ato simulado. E, nestas circunstâncias, os terceiros prejudicados poderão demandar a nulidade dele.[14]

Podemos dizer que *simulação* é a ação de fingir a prática de um ato ou negócio jurídico com a finalidade de prejudicar terceiros, especialmente credores, inclusive o Fisco, fazendo com que pareça existir uma situação que na verdade não existe – merecendo especial destaque a afirmação que se vê na doutrina de que a simulação não se confunde com a fraude. E neste sentido a palavra "simulação" é usual nos textos relativos ao planejamento tributário, ao lado de outras utilizadas na Teoria do Direito Tributário, como veremos em seguida.

## *3. Conceitos da Teoria do Direito Tributário*

### *3.1 Considerações iniciais*

Temos afirmado, repetidas vezes, que é importante o cuidado com os conceitos quando se trata de estudo jurídico, porque a teoria nada mais é que um conjunto sistematizado de conceitos que nos permite conhecer um domínio da realidade. Na Teoria do Direito Tributário, infelizmente, não tem havido esse cuidado, e cada um parece querer impor aos demais a sua preferência.

A maior dificuldade na compreensão da doutrina que trata do planejamento tributário deve-se precisamente à imprecisão dos conceitos

---

14. De Plácido e Silva, *Vocabulário Jurídico*, vol. IV, Rio de Janeiro, Forense, 1987, p. 235.

utilizados e à diversidade de significados com que os doutrinadores empregam a mesma palavra. Veja-se, a propósito, o que escreve Mary Elbe Queiroz, justificando sua opção terminológica:

> No presente trabalho, por opção pela terminologia mais corrente, serão utilizadas as palavras "elisão" para expressar o procedimento lícito, caracterizado como planejamento tributário, e "evasão" para indicar os procedimentos ilícitos caracterizados como sonegação de tributos, a fraude, a simulação, o conluio etc.[15]

Como se vê, Mary Elbe Queiroz fez sua opção pelo que indicou como sendo a terminologia mais corrente. E, na verdade, parece que a maioria dos autores utiliza a palavra "elisão" para indicar o comportamento lícito e a palavra "evasão" para indicar o comportamento ilícito. O critério da opção – vale dizer, a escolha de uma palavra tendo em vista ser a preferida pela maioria – talvez não seja o melhor. Sobre o assunto, aliás, já escrevemos:

> Não há uniformidade terminológica na doutrina. Alguns preferem a palavra *evasão* para designar a forma ilícita de fugir ao tributo, e a palavra *elisão* para designar a forma lícita de praticar essa mesma fuga. Na verdade, porém, tanto a palavra evasão como a palavra elisão podem ser utilizadas em sentido amplo como em sentido restrito. Em sentido amplo significam qualquer forma de fuga ao tributo, lícita ou ilícita, e em sentido restrito significam a fuga ao dever jurídico de pagar o tributo e constituem, pois, comportamento ilícito.
>
> Com efeito, *elisão* é ato ou efeito de elidir, que significa eliminar, suprimir. [***Novo Dicionário Aurélio da Língua Portuguesa****, Rio de Janeiro, Nova Fronteira, 1986, p. 627*] E *evasão* é o ato de evadir-se, a fuga. [***Novo Dicionário Aurélio da Língua Portuguesa****, Rio de Janeiro, Nova Fronteira, 1986, p. 636*] Tanto se pode dizer *elisão fiscal*, no sentido de eliminação ou supressão do tributo, como *evasão fiscal*, no sentido de fuga ao imposto. Elisão e evasão têm sentidos equivalentes, e, como anota Ferreira Jardim, "qualquer dos termos pode revestir licitude ou ilicitude, pois ambos cogitam de economia tributária e podem ser utilizados em harmonia ou em desarmonia com o direito positivo". [*Eduardo Marcial Ferreira Jardim,* ***Dicionário Jurídico Tributário****, 3ª ed., São Paulo, Dialética, 2000, p. 84*]
>
> Se tivermos, porém, de estabelecer uma diferença de significado entre esses dois termos, talvez seja preferível, contrariando a preferência de mui-

15. Mary Elbe Queiroz, "A elisão e a evasão fiscal: o planejamento tributário e a desconsideração de atos, negócios e personalidade jurídica", in Heleno Taveira Tôrres e Mary Elbe Queiroz (coords.), *Desconsideração da Personalidade Jurídica em Matéria Tributária*, São Paulo, Quartier Latin, 2005, p. 76.

> tos, utilizarmos *evasão* para designar a conduta lícita e *elisão* para designar a conduta ilícita. Realmente, elidir é eliminar, ou suprimir, e somente se pode eliminar, ou suprimir, o que existe. Assim, quem elimina ou suprime um tributo está agindo ilicitamente, na medida em que está eliminando ou suprimindo a relação tributária já instaurada. Por outro lado, evadir-se é fugir, e quem foge está evitando, podendo a ação de evitar ser preventiva. Assim, quem evita pode estar agindo licitamente.
>
> Seja como for, essa questão terminológica fica sem importância na medida em que se esclareça o sentido em que se está empregando uma ou a outra expressão.[16]

Pela razão indicada, seguimos preferindo a palavra "evasão" para designar o comportamento lícito e a palavra "elisão" para designar o comportamento ilícito. Mas seguimos também pensando que a opção terminológica perde seu sentido desde que o autor esclareça – como fez Mary Elbe Queiroz – em qual sentido utiliza uma e outra palavra.

Mesmo assim, para ajudar na compreensão dos textos doutrinários que estudam o planejamento tributário, e eventualmente a razão da nossa opção por algumas palavras que utilizamos para designar conceitos inerentes aos estudos dessa importante questão, vamos, a seguir, estudar as palavras que nos parecem ser as mais utilizadas nesse campo do direito tributário.

### *3.2 Economia de impostos*

A expressão "economia de impostos" não mereceu registro nos dicionários que conhecemos. Nem nos da linguagem comum, ou geral, nem nos da linguagem jurídica. Mas é possível definirmos seu significado a partir do significado comum das palavras que a compõem. A palavra "economia", nesse contexto, deve ser entendida como o ato ou o efeito de economizar, vale dizer, de poupar, ou gastar menos. E a expressão "de impostos" está nesse contexto a indicar o objeto da ação de economizar. Assim, podemos dizer que *economia de impostos* designa o comportamento adotado visando a alcançar o objetivo desejado com o menor gasto possível com impostos.

Em nosso *Dicionário*, Schubert de Farias Machado e eu assim definimos:

16. Hugo de Brito Machado, "A norma antielisão e o princípio da legalidade – Análise crítica do parágrafo único do art. 116 do CTN", in Valdir de Oliveira Rocha (coord.), *O Planejamento Tributário e a Lei Complementar 104*, São Paulo, Dialética, 2001, pp. 107-108.

**Economia de imposto** – É a prática adotada por quem exerce uma atividade com o objetivo de evitar a incidência de imposto ou de qualquer forma reduzir o encargo tributário, sem violação da lei.[17]

Nos textos que tratam de planejamento tributário a expressão "economia de impostos" tem sido utilizada para designar o procedimento adotado com o objetivo de reduzir o ônus do imposto. Mesmo assim, é difícil saber quando o procedimento em questão é lícito ou ilícito. Mary Elbe Queiroz aponta essa dificuldade, escrevendo:

As normas tributárias aplicáveis às práticas dos contribuintes que têm por objetivo a economia de tributos, sob a forma de planejamentos tributários, devem ser interpretadas com cautela, buscando-se o exato e preciso sentido por elas visado, haja vista que é tênue o limiar entre o lícito e o ilícito.[18]

E, nesse contexto, convém insistirmos neste ponto: o ato ou negócio jurídico não pode ser considerado ilícito apenas pelo fato de ter sido praticado com o objetivo de evitar ou reduzir tributo.

### 3.3 *Elisão tributária*

O significado da expressão "elisão tributária" é objeto de divergências na Teoria do Direito Tributário. Sobre o que seja "elisão", Schubert de Farias Machado e eu escrevemos:

**Elisão** – Palavra relacionada ao comportamento do contribuinte tendente a eliminar ou diminuir o ônus do tributo. Não há uniformidade terminológica na doutrina. Alguns preferem a palavra *evasão* para designar a forma ilícita de fugir ao tributo, e a palavra *elisão* para designar a forma lícita de praticar essa mesma fuga. *[Antônio Roberto Sampaio Dória, **Elisão e Evasão Fiscal**, São Paulo, José Bushatsky/IBET, 1977, p. 39]* Na verdade, porém, tanto a palavra *evasão* como a palavra *elisão* podem ser utilizadas em sentido amplo e em sentido restrito. Em sentido amplo significam qualquer forma de fuga ao tributo, lícita ou ilícita, e em sentido restrito significam a fuga ao dever jurídico de pagar o tributo, e constituem, pois, comportamento ilícito. Com efeito, *elisão* é ato ou efeito

17. Hugo de Brito Machado e Schubert de Farias Machado, *Dicionário de Direito Tributário*, cit., p. 71.

18. Mary Elbe Queiroz, "A elisão e a evasão fiscal: o planejamento tributário e a desconsideração de atos, negócios e personalidade jurídica", cit., em Heleno Taveira Tôrres e Mary Elbe Queiroz (coords.), *Desconsideração da Personalidade Jurídica em Matéria Tributária*, p. 77.

de elidir, que significa eliminar, suprimir. [*Novo* ***Dicionário Aurélio da Língua Portuguesa****, Rio de Janeiro, Nova Fronteira, 1986, p. 627]* E *evasão* é o ato de evadir-se, é a fuga. [***Novo Dicionário Aurélio da Língua Portuguesa****, Nova Fronteira, Rio de Janeiro, 1986, p. 736*] Tanto se pode dizer *elisão fiscal*, no sentido de eliminação ou supressão do tributo, como *evasão fiscal*, no sentido de fuga ao imposto. Elisão e evasão têm sentidos equivalentes, e, como anota Ferreira Jardim, "qualquer dos termos pode revestir licitude ou ilicitude, pois ambos cogitam de economia tributária e podem ser utilizados em harmonia ou desarmonia com o direito positivo" [*Eduardo Marcial Ferreira Jardim,* ***Dicionário Jurídico Tributário****, 3ª ed., São Paulo, Dialética, 2000, p. 84]* Se tivermos, porém, de estabelecer uma diferença de significado entre esses dois termos, talvez seja preferível, contrariando a preferência de muitos, utilizarmos *evasão* para designar a conduta lícita, e *elisão* para designar a conduta ilícita. Realmente, elidir é eliminar, ou suprimir, e somente se pode eliminar, ou suprimir, o que existe. Assim, quem elimina ou suprime um tributo está agindo ilicitamente, na medida em que está eliminando, ou suprimindo, a relação tributária já instaurada. Por outro lado, evadir-se é fugir, e quem foge está evitando, podendo a ação de evitar ser preventiva. Assim, quem evita pode estar agindo licitamente.[19]

Igor Tenório e José Motta Maia fazem registro relativamente extenso a respeito da palavra "elisão", nestes termos:

**Elisão.** Processo mediante o qual se reduz, total ou parcialmente, o custo de produção de mercadorias, em função do volume do imposto. Verifica-se uma espécie de pulverização do tributo quando, por exemplo, os produtores adquirem matéria-prima e vendem produtos acabados em que foi utilizada essa matéria-prima.

A certos aspectos se assemelha ao *drawback*.

A elisão poderá, em determinados casos, desde que ocorra fraude ou artifício por parte do contribuinte, constituir uma forma de sonegação fiscal.

*1. Defraudação da legislação fiscal na elisão* – Segundo a legislação alemã, referida por Hensel, a "evasão tributária somente será possível, com defraudação tributária, quando a discriminação das obrigações tributárias ou a obtenção das vantagens fiscais injustificadas se realize com violação internacional dos deveres impostos pela legislação" (Albert Hensel, ob., cit., pp. 316 e ss.).

2. *A elisão tributária e a interpretação da lei* – A circunstância de o contribuinte recorrer a fórmulas jurídicas ou a estruturas legais em mani-

---

19. Hugo de Brito Machado e Schubert de Farias Machado, *Dicionário de Direito Tributário*, cit., pp. 72-73.

festa discordância com as que as normalmente se utilizam para a hipótese – excluída naturalmente a ocorrência de fraude ou artifícios – para reduzir sua carga fiscal não constitui por si mesmo ato punível. Essa a jurisprudência da Corte Suprema dos Estados Unidos, como exemplificado por Fonrouge: "A simples circunstância de o contribuinte recorrer a formas e estruturas jurídicas em manifesta discordância com as que normalmente se usariam em tal caso, para reduzir a carga fiscal, não constitui fato punível. Como tem afirmado a Corte Suprema dos Estados Unidos, 'qualquer pessoa poderá regular seus interesses de tal modo que o imposto seja o mais reduzido possível'. Não está obrigada a eleger a forma mais produtiva para o Erário. Nem existe ainda o dever patriótico de elevar os próprios impostos" (Giuliani Fonrouge, in *Derecho Financiero*, 2ª ed., Depalma, Buenos Aires, p. 694).

No mesmo sentido, Antônio Roberto Sampaio Dória: "(...). De outro modo evasão não há. Pode ocorrer que o contribuinte disponha seus negócios de modo a pagar menos tributo. Nada o impede, desde que não ocorra aquela manipulação do fato gerador, no que toca ao seu revestimento jurídico" (Antônio Roberto Sampaio Dória, in *Elisão e Evasão Fiscal*, São Paulo, Edições Local, 1971, p. 73).[20]

Oswaldo de Moraes, por sua vez, registra:

**Elisão** – Figura entre as atitudes do contribuinte (2) (v.), na Ciência das Finanças. É forma mista de difusão e absorção, consistente na redução do custo pelo volume do imposto.[21]

Eduardo Marcial Ferreira Jardim parece entender que *elisão* é sinônimo de *evasão*, tanto que em seu *Dicionário*, no verbete "Elisão Fiscal", apenas faz remissão ao verbete "Evasão Fiscal".[22] Na verdade, tomadas essas palavras em sentido amplo, elas são sinônimos; mas, tomadas em sentido estrito, mostram significados diferentes uma da outra, sendo certo que a maioria dos estudiosos do assunto, conforme já explicamos (item 3.1, *supra*), utiliza a palavra "elisão" para indicar o procedimento lícito, o verdadeiro planejamento tributário, e a palavra "evasão" para indicar o procedimento ilícito ou fraude fiscal – embora nos pareça que melhor seria o contrário, vale dizer: utilizar a palavra

---

20. Igor Tenório e José Motta Maia, *Dicionário de Direito Tributário*, 2ª ed., Rio de Janeiro, Forense, 1996, pp. 90-91.

21. Oswaldo de Moraes, *Dicionário de Direito Tributário Brasileiro*, São Paulo, Saraiva, 1973, p. 86.

22. Eduardo Marcial Ferreira Jardim, *Dicionário Jurídico Tributário*, 3ª ed., São Paulo, Dialética, 2000, p. 78.

"elisão" para designar o procedimento ilícito, a supressão de tributo devido, e a palavra "evasão" para designar o procedimento lícito, a fuga ao dever de pagar imposto.

Insistimos em deixar claro que a distinção entre o *fato* e o *fato jurídico* é essencial para a compreensão de todas as expressões utilizadas nos estudos do planejamento tributário. Uma coisa é evitar a ocorrência do fato que está descrito na hipótese de incidência tributária (o que preferimos denominar evasão tributária). Outra, bem diferente, é tentar dar ao fato uma qualificação jurídica diferente para, assim, negar a concretização da hipótese de incidência tributária, vale dizer, negar a ocorrência do fato gerador do tributo.

Em virtude da indiscutível importância que tem a distinção entre o *fato*, sua ocorrência e seu modo de ser no mundo fenomênico, e o *fato jurídico*, ou significação jurídica do fato, a ela já nos reportamos, e vamos nos reportar muitas vezes neste livro, para o quê rogamos a compreensão dos leitores.

### *3.4 Elusão tributária*

Não é comum entre os estudiosos do planejamento tributário a palavra "elusão". Muitos – talvez a maioria – não usam a expressão "elusão tributária". Schubert de Farias Machado e eu escrevemos:

> **Elusão** – Palavra de utilização não muito comum, com a qual alguns tributaristas pretendem designar a forma lícita de fugir ao pagamento do tributo. Entretanto, considerado o seu significado na linguagem comum, vê-se que ela não evita as controvérsias que se estabeleceram em torno das palavras *evasão* e *elisão*, utilizadas com o mesmo fim. É que para o verbo *eludir* registram os dicionaristas o significado de "evitar ou esquivar-se com destreza", [*Novo Aurélio – o Dicionário da Língua Portuguesa, Nova Fronteira, Rio de Janeiro, 1999, pág. 730*] conduta que poderia ser considerada lícita, mas registram também o significado de "evitar (algo) de modo astucioso, com destreza ou artifício, (*e.g. a lei*)", que pode ser entendido como fraudar a lei; conduta ilícita, portanto. O uso da palavra elusão na expressão elusão tributária parece ser apenas uma prática dos que pretendem inovar, ser diferentes, mas a rigor nada acrescenta na busca do rigor terminológico que a doutrina jurídica deve buscar.[23]

---

23. Hugo de Brito Machado e Schubert de Farias Machado, *Dicionário de Direito Tributário*, cit., pp. 73-74.

Oswaldo de Moraes registra que *elusão* é uma das espécies de evasão, a evasão legal do tributo.[24]

Como se vê, esses registros são pouco esclarecedores do significado que as correspondentes expressões devem ter no estudo do planejamento tributário, o que bem demonstra a pobreza da doutrina jurídica até então produzida em nosso País.

### 3.5 *Engenharia tributária*

A palavra "engenharia" tem diversos significados, entre os quais o registrado em primeiro lugar por Aurélio Buarque de Holanda Ferreira, a saber:

> Arte de aplicar conhecimentos científicos e empíricos e certas habilitações específicas à criação de estruturas, dispositivos e processos que se utilizam para converter recursos naturais em formas adequadas ao atendimento das necessidades humanas.[25]

Idêntico é o significado registrado em primeiro lugar no *Dicionário Houaiss da Língua Portuguesa*, assim:

> Aplicação de métodos científicos ou empíricos à utilização dos recursos da Natureza em benefício do ser humano.[26]

Idêntico, ainda, é o significado registrado no *Dicionário da Língua Portuguesa Contemporânea* da Academia das Ciências de Lisboa, nestes termos:

> Conjunto de conhecimentos e de técnicas que permitem aplicar o saber científico à utilização da matéria e das fontes de energia, por forma a criar estruturas, dispositivos e processos aptos a responder a necessidades humanas.[27]

---

24. Oswaldo de Moraes, *Dicionário de Direito Tributário Brasileiro*, São Paulo, Saraiva, 1973, p. 86.

25. Aurélio Buarque de Holanda Ferreira, *Novo Aurélio – O Dicionário da Língua Portuguesa*, cit., p. 759.

26. Antônio Houaiss, *Dicionário Houaiss da Língua Portuguesa*, Rio de Janeiro, Objetiva, 2001, p. 1.149.

27. Academia das Ciências de Lisboa, *Dicionário da Língua Portuguesa Contemporânea*, Lisboa, Verbo, 2001, p. 1.418.

Na expressão "engenharia tributária" toma-se de empréstimo a palavra "engenharia", que é seguida da palavra "tributária" para designar o conhecimento do direito tributário que permite a utilização de formas para a prática da atividade econômica de forma a permitir o menor ônus tributário. Assim, ousamos definir *engenharia tributária* como *a aptidão para escolha das formas jurídicas mais adequadas ao exercício da atividade econômica com o menor ônus tributário*.

### *3.6 Evasão tributária*

Sobre o significado dessa expressão, eu e Schubert de Farias Machado escrevemos:

> **Evasão fiscal** – É a prática destinada a evitar o surgimento da obrigação tributária. A evasão pode ser lícita e pode ser ilícita. Será lícita se a conduta adotada evitar a ocorrência do fato gerador do tributo e será ilícita se apenas mascarar ou esconder tal ocorrência. Há, todavia, quem sustente que a evasão fiscal é sempre uma conduta ilícita.[28]

Eduardo Marcial Ferreira Jardim registra:

> **Evasão fiscal** – Segundo a doutrina brasileira, representa modalidade ilícita de economia tributária. Distingue-se da "elisão", que significa a economia lícita de tributos. Nada obstante, alguns autores, tanto cá como alhures, admitem os termos citados como equivalentes. A doutrina francesa, por exemplo, cogita tão somente da *evasion*, reconhecendo-lhe licitude, firmando, outrossim, como seu limite a configuração da fraude. A nosso juízo, a expressão "evasão" provém de evitar, ao passo que "elisão" procede de "elidir, suprimir", donde qualquer dos termos pode revestir licitude ou ilicitude, pois ambos cogitam de economia tributária e podem ser utilizados em harmonia ou desarmonia com o direito positivo.[29]

A afirmação de Jardim, ligando a palavra "evasão" ao verbo "evitar" e a palavra "elisão" ao verbo "suprimir", não obstante feita pelo ilustre dicionarista para justificar sua conclusão de que tanto uma como a outra forma de economia de imposto podem ser realizadas de forma lícita e de forma ilícita, a nosso ver, bem demonstra que "evasão", estando ligada ao verbo "evitar", é bem mais adequada para designar

---

28. Hugo de Brito Machado e Schubert de Farias Machado, *Dicionário de Direito Tributário*, cit., p. 79.

29. Eduardo Marcial Ferreira Jardim, *Dicionário Jurídico Tributário*, cit., 3ª ed., p. 84.

comportamento lícito, enquanto a palavra "elisão", estando ligada ao verbo "suprimir", é bem mais adequada para designar comportamento ilícito. É que "evitar" diz respeito a evento futuro, enquanto "suprimir" diz respeito a evento passado. Quem evita está impedindo que ocorra um evento, enquanto quem suprime está apagando um evento já ocorrido. Assim, quem evita o fato gerador está evitando que se concretize a hipótese de incidência tributária, e isto a ninguém pode ser proibido. Já, quem suprime está apagando o fato que realizou a hipótese de incidência tributária, e isto a ninguém é permitido.

### 3.7 *Fraude fiscal*

A fraude é sempre relacionada ao elemento fenomênico, ou factual.

Eduardo Marcial Ferreira Jardim não faz o registro da expressão "fraude fiscal", mas registra a palavra "fraude", assim:

> **Fraude** – O substrato do instituto consiste no comportamento vocacionado a lesar terceiro. Essa é a quintessência de fraude à luz da Teoria Geral do Direito, a qual, com algumas modelações, foi absorvida por inúmeros segmentos normativos, assim como o direito civil, o penal, o administrativo, o tributário etc. No universo tributário a fraude representa hipótese de crime contra a ordem tributária, passível de reclusão ou de detenção, conforme previsão contida nos arts. 1º, I, e 2º, I, da Lei 8.137/1990. Reclusão quando o contribuinte inserir elementos inexatos, ou omitir operação de qualquer natureza, em documento ou livro exigido pela legislação tributária. Detenção na hipótese de fazer declaração falsa ou omitir declaração sobre rendas, bens ou fatos, ou empregar outra fraude, para eximir-se total ou parcialmente de pagamento de tributo. Por outro lado, a legislação do IPI – art. 72 da Lei 4.502/1964 – define fraude como "toda ação ou omissão dolosa tendente a impedir ou retardar, total ou parcialmente, a ocorrência do fato gerador da obrigação tributária principal, ou a excluir ou modificar as suas características essenciais, de modo a reduzir o montante do imposto devido, ou a evitar ou diferir o seu pagamento". Essa definição foi acolhida pela legislação do imposto sobre a renda e pela Lei 8.218/1991, sendo que esta estipula a multa de 300% em relação aos débitos exigíveis pela Fazenda Nacional se presente a fraude na infração tributária. As legislações estaduais e municipais não costumam definir explicitamente o instituto, conquanto estatuam o agravamento da penalidade nas infrações revestidas de fraude.[30]

---

30. Eduardo Marcial Ferreira Jardim, *Dicionário Jurídico Tributário*, cit., 3ª ed., pp. 94-95.

A referência ao dispositivo de lei tributária definidor da fraude é repetida por outros dicionaristas especializados. Assim é que Igor Tenório e José Motta Maia, ao indicarem o significado da palavra "fraude", limitam-se a transcrever o dispositivo legal em referência, assim:

> **Fraude.** "Fraude é toda ação ou omissão dolosa tendente a impedir ou retardar, total ou parcialmente, a ocorrência do fato gerador da obrigação tributária principal, ou a excluir ou modificar as suas características essenciais, de modo a reduzir o montante do imposto devido, ou a evitar ou diferir o seu pagamento" (Lei 4.502, de 1964, art. 72).[31]

Oswaldo de Moraes, por seu turno, embora aponte a distinção entre a palavra "fraude" em sentido estrito e em sentido amplo, termina com a transcrição do dispositivo legal em referência, assim:

> **Fraude.** 1. Em sentido estrito (fraude fiscal), é a inobservância ou infração à lei com o propósito deliberado de fazê-lo.
>
> 2. Atributos: (aa) elemento intencional, e, assim, evasão ilícita, distinguindo-se da evasão lícita; (bb) ser circunstância agravante ou qualificativa da infração; (cc) concorrer para a graduação das sanções; (dd) privar o sujeito passivo de direitos, tais como: anistia, não fluência da prescrição, retroatividade benigna (CTN, arts. 180, I, 150, § 4º, e 106, II, "b"); (ee) sujeição do infrator ao lançamento *ex officio*.
>
> 3. Em sentido lato, a fraude tanto pode ser praticada pelo sujeito passivo como pelo sujeito ativo da relação tributária, através de seus órgãos. Decorre da obrigação de lealdade e confiança que devem manter entre si os figurantes da relação jurídica, ou, no caso, a tributária.
>
> 4. A doutrina adota o conceito constante do Anteprojeto de Código Tributário Nacional, art. 279, e da Lei 4.502, de 30.11.1964, art. 72: "Fraude é toda ação ou omissão dolosa tendente a impedir ou retardar, total ou parcialmente, a ocorrência do fato gerador da obrigação tributária principal, ou a excluir ou modificar as suas características essenciais, de modo a reduzir o montante do imposto devido ou a evitar ou diferir o seu pagamento".[32]

Quando cogitamos de fraude devemos ter em vista que, embora em determinadas situações possa haver semelhança entre fraude e simulação, a distinção essencial entre essas duas figuras jurídicas consiste em

---

31. Igor Tenório e José Motta Maia, *Dicionário de Direito Tributário*, cit., 2ª ed., p. 106.

32. Oswaldo de Moraes, *Dicionário de Direito Tributário Brasileiro*, cit., p. 108.

que a fraude é sempre um comportamento ilícito, enquanto a simulação, quando não envolve a fraude, pode situar-se no campo da licitude.

Atenção especial – insistimos neste ponto, porque da maior relevância – merece a distinção que se há de ter sempre presente entre o que reside no mundo fenomênico, ou factual, e o que está no mundo jurídico. Em outras palavras: atenção especial merece a distinção entre o fato e o seu significado jurídico. Infelizmente, porém, o próprio legislador parece que nem sempre tem a devida consideração por essa distinção, e utiliza, por isto mesmo, terminologia inadequada. É o que parece ter ocorrido com o legislador quando formulou a definição de fraude no art. 72 da Lei 4.502/1964, inserido em vários textos que acima transcrevemos e em outros, que vamos ainda transcrever.

Mary Elbe Queiroz parece entender que a fraude se caracteriza em razão do elemento subjetivo. Neste sentido, escreve:

> O núcleo caracterizador da fraude é a exclusão ou redução de tributo como resultado da intenção (dolo) de praticar manobras e artifícios tendentes a enganar a Administração Tributária e evadir tributo.
>
> A Lei 4.502/1964, no seu art. 72, definiu de modo amplo a fraude para alcançar qualquer ação ou omissão dolosa que procure impedir ou retardar, total ou parcialmente, a ocorrência do fato gerador da obrigação tributária principal ou a excluir ou modificar as suas características essenciais, de modo a reduzir o montante do imposto devido, ou a evitar ou diferir o seu pagamento.[33]

A nosso ver, o que caracteriza a fraude é a inverdade quanto ao fato. Por isto é que insistimos na necessidade imperiosa de distinguirmos o *fato*, em sua faticidade pura como algo do mundo fenomênico, do *fato jurídico*, como algo que resulta da qualificação dada ao fato pela norma jurídica. Em outras palavras: é da maior importância a distinção entre o auferir rendimento, como fato, em sua faticidade pura como algo do mundo fenomênico, e o fato gerador do imposto de renda, que é um fato jurídico. A distinção entre um e outro nos permite esclarecer o que significa a fraude como algo que está no campo da ilicitude.

Admitamos que alguém, pessoa física, presta um serviço no final de um ano e tem a receber uma remuneração em valor significativo. Combina com o tomador do serviço que deixe para fazer o correspondente

33. Mary Elbe Queiroz, "A elisão e a evasão fiscal: o planejamento tributário e a desconsideração de atos, negócios e personalidade jurídica", cit., in Heleno Taveira Tôrres e Mary Elbe Queiroz (coords.), *Desconsideração da Personalidade Jurídica em Matéria Tributária*, p. 97.

pagamento no início do ano seguinte, e com isto reduz o valor do imposto de renda de pessoa física ou protela por um ano a data do pagamento do imposto. Temos em tal situação um exemplo que demonstra de forma eloquente a distinção entre o *planejamento tributário*, situado no campo da licitude, e a *fraude*, situada no campo da ilicitude. Se o recebimento da remuneração realmente ocorrer somente no início do ano seguinte ter-se-á típico planejamento tributário, indiscutivelmente lícito. Entretanto, se o recebimento ocorrer no final do ano e o recibo correspondente for datado do início do ano seguinte, ter-se-á uma fraude, situada no campo da ilicitude.

Assim, podemos definir a fraude fiscal ou tributária como a inverdade ou alteração do fato como elemento do mundo fenomênico com o propósito de eliminar ou reduzir imposto.

Ao menos em teoria, portanto, a identificação da fraude fiscal ou tributária não é tão difícil como pode parecer. A dificuldade maior na identificação da fronteira entre o lícito e o ilícito reside na "dissimulação", palavra utilizada pelo parágrafo único do art. 116 do CTN para indicar a conduta com a qual o contribuinte praticaria um ato ou negócio jurídico tentando esconder a ocorrência do fato gerador do tributo.

### *3.8 Planejamento tributário*

Planejamento é o ato ou o efeito de planejar, e planejar significa fazer um plano ou roteiro.[34] A rigor, trata-se de palavra conhecida na linguagem comum, que dispensa maiores considerações sobre seu significado.

A expressão "planejamento tributário" tem sido utilizada para designar a organização dos negócios de uma empresa tendo em vista a redução do ônus tributário, com o objetivo de reduzir tanto quanto possível esse ônus.

Sobre o significado dessa expressão, Schubert de Farias Machado e eu escrevemos, em nosso *Dicionário de Direito Tributário*:

> **Planejamento tributário** – É a atividade de examinar as formas pelas quais uma atividade econômica pode ser desenvolvida, e escolher a que se mostre mais vantajosa do ponto de vista tributário. A expressão planejamento tributário pode designar essa atividade e pode também designar o resultado da mesma. O planejamento tributário pode ser lícito ou ilícito,

34. Aurélio Buarque de Holanda Ferreira, *Novo Aurélio – O Dicionário da Língua Portuguesa*, cit., p. 1.582.

conforme seja considerada normal ou abusiva a forma jurídica escolhida para a atividade. O tema é excessivamente complexo, pois envolve a liberdade do cidadão de escolher para as suas atividades as formas jurídicas previstas no ordenamento e a questão de saber até onde essa liberdade pode ser admitida sem ingresso no campo da ilicitude. No combate à prática do planejamento tributário as autoridades fazendárias defendem a desconsideração de atos ou negócios jurídicos que sejam praticados com o propósito de evitar ou reduzir o ônus tributário. V. os verbetes "Elisão" e "Desconsideração de atos ou negócios jurídicos".[35]

O planejamento tributário, para ser uma atividade válida do ponto de vista jurídico, deve manter-se no campo da licitude. Isto quer dizer que o planejamento tributário deve evitar o denominado abuso das formas jurídicas.

Em teoria – repita-se – é fácil dizer o que é lícito e o que é ilícito; mas na prática a fronteira entre o lícito e o ilícito nem sempre pode ser determinada com segurança. Daí a utilidade de uma norma geral antielisão, como está no parágrafo único do art. 116 do CTN, que infelizmente teve frustrada sua aplicação pela não conversão em lei de dispositivos da Medida Provisória 66/2002, em face do quê o Fisco Federal passou a tratar todas as situações como fraude, aumentando significativamente a quantidade de questões levadas ao Poder Judiciário, com prejuízo para todos.

### 4. *O lícito e o ilícito*

Por mais difícil que seja a identificação da fronteira entre o lícito e o ilícito, quando se questiona a respeito do planejamento tributário não podemos deixar de considerar que este é o ponto decisivo para sabermos o que o contribuinte pode fazer sem ensejar reprimenda do Fisco.

Sustentamos que todo contribuinte tem o direito de praticar, sem que o Fisco possa surpreendê-lo, com razão, formulando exigência de tributo, qualquer conduta que esteja situada no plano da licitude, e somente ter de pagar os tributos que decorram dessa conduta lícita, sem que nenhum dos atos praticados deva ser desconsiderado.

Estamos de pleno acordo com Cristiano Carvalho quando este afirma que:

> O direito tributário, no entanto, tem o tipo cerrado, o que impossibilita a desconsideração dos negócios jurídicos do particular, mesmo que

35. Hugo de Brito Machado e Schubert de Farias Machado, *Dicionário de Direito Tributário*, cit., p. 176.

estes tenham tido por fim tão somente a economia fiscal, salvo nos casos de simulação.[36]

É também de Cristiano Carvalho a observação acertada segundo a qual:

> Quanto à tipicidade cerrada, o CTN reforça essa ideia de tipo cerrado ao dispor, no art. 108, § 1º, que "o emprego da analogia não poderá resultar na exigência de tributo não previsto em lei".
>
> O princípio da tipicidade cerrada, corolário da estrita legalidade, é também um limite objetivo à aplicação do direito tributário. A estrita legalidade não só limita a criação de tributos apenas por intermédio de lei como também exige que a norma tributária contenha todos os critérios necessários para a identidade do tributo. Enquanto a dimensão formal obriga os entes federativos a criarem ou aumentarem tributo por meio de lei, a tipicidade cerrada é um limite que, se não cumprido, impede a aplicação do tributo, por falta de elementos necessários para tanto.[37]

Ocorre que no contexto do *planejamento tributário* muitas questões podem ser colocadas além daquelas que decorrem da imprecisão da regra legal definidora da hipótese de incidência do tributo. Aliás, as questões suscitadas a propósito do planejamento tributário na verdade são, quase todas, alheias à definição da hipótese de incidência do tributo, embora a esta indiretamente digam respeito, na medida em que são concernentes à obtenção de resultado econômico semelhante àquele alcançado com a realização da hipótese de incidência ou fato gerador do tributo.

É importante, sempre, sabermos a distinção entre o lícito e o ilícito, porque este último é pressuposto essencial da penalidade, e não pode integrar a definição da hipótese de incidência do tributo. Aliás, ninguém contesta seriamente a tese segundo a qual o ilícito é um pressuposto essencial da penalidade, embora o próprio legislador, infelizmente, já tenha estabelecido penalidade pecuniária a ser cobrada de quem não pratica ato ilícito, mas exerce o direito fundamental de pedir. Foi o que se deu com a Lei 12.249, de 11.6.2010, que inseriu dispositivos no art. 74 da Lei 9.430, de 27.10.1996, estabelecendo penalidades para práticas indiscutivelmente lícitas.[38]

---

36. Cristiano Carvalho, "Breves considerações sobre elisão e evasão fiscais", in Marcelo Magalhães Peixoto (coord.), *Planejamento Tributário*, São Paulo, Quartier Latin, 2004, p. 69.

37. Idem, p. 62.

38. Cf. Hugo de Brito Machado, "O ilícito como pressuposto essencial da penalidade e as multas por requerimento indeferido ou compensação não homo-

**Nota de atualização:** O § 17 do art. 74 da Lei nº 9.430/1996, criticado pelo professor Hugo Machado, foi declarado inconstitucional pelo Supremo Tribunal Federal, que adotou a seguinte tese: É inconstitucional a multa isolada prevista em lei para incidir diante da mera negativa de homologação de compensação tributária por não consistir em ato ilícito com aptidão para propiciar automática penalidade pecuniária.

Transcrevemos abaixo as ementas das decisões proferidas na ADI nº 4905 e no RE nº 796939 (repercussão geral), a saber:

> *"AÇÃO DIRETA DE INCONSTITUCIONALIDADE. DIREITO TRIBUTÁRIO. COMPENSAÇÃO. HOMOLOGAÇÃO. SANÇÕES TRIBUTÁRIAS. MULTA ISOLADA. LEI 9.430/96. LEI 12.249/2010. LEI 13.097/2015. IN RFB 1.717/2017. PROPORCIONALIDADE. DIREITO DE PETIÇÃO. 1. Perda superveniente do objeto da ação quanto ao § 15 do artigo 74 da Lei 9.430/96, alterado pela Lei 12.249/2010, tendo em vista a sua revogação pela Lei 13.137/2015. 2. Atendidos os requisitos previstos em lei, a compensação tributária se traduz em direito subjetivo do sujeito passivo, não estando subordinada à apreciação de conveniência e oportunidade da administração tributária. 3. A declaração de compensação é um pedido* lato sensu, *no exercício do direito subjetivo à compensação, submetido à Administração Tributária, que decide de forma definitiva sobre a matéria, homologando, de forma expressa ou tácita, a declaração. 4. É inconstitucional a aplicação de multa isolada em razão da mera não homologação de declaração de compensação, sem que esteja caracterizada a má-fé, falsidade, dolo ou fraude, por violar o direito fundamental de petição e o princípio da proporcionalidade. 5. Ação direta de inconstitucionalidade parcialmente conhecida e, nessa parte, julgada procedente para declarar a inconstitucionalidade do § 17 do art. 74 da Lei 9.430/1996 – incluído pela Lei 12.249/2010, alterado pela Lei 13.097/2015 –, bem como do inciso I do § 1º do art. 74 da Instrução Normativa RFB 1.717/2017, por arrastamento."* (ADI 4905, Relator: Gilmar Mendes, Tribunal Pleno, julgado em 18.03.2023, Processo Eletrônico DJe-s/n divulg 17.05.2023 public 18.05.2023)

> *"RECURSO EXTRAORDINÁRIO. REPERCUSSÃO GERAL. TRIBUTOS ADMINISTRADOS PELA SECRETARIA DA RECEITA FEDERAL DO BRASIL. COMPENSAÇÃO TRIBUTÁRIA. NEGATIVA DE HOMOLOGAÇÃO. MULTA ISOLADA. AUTOMATICIDADE. DIREITO DE PETIÇÃO. DEVIDO PROCESSO LEGAL. BOA-FÉ. ART. 74, § 17, DA LEI 9.430/96. 1. Fixação de tese jurídica para o Tema 736 da sistemática da repercussão geral: "'É inconstitucional a multa isolada prevista em lei*

---

logada", *Revista Dialética de Direito Tributário* 193/69-72, São Paulo, Dialética, outubro/2011.

*para incidir diante da mera negativa de homologação de compensação tributária por não consistir em ato ilícito com aptidão para propiciar automática penalidade pecuniária'". 2. O pedido de compensação tributária não se compatibiliza com a função teleológica repressora das multas tributárias, porquanto a automaticidade da sanção, sem quaisquer considerações de índole subjetiva acerca do* animus *do agente, representaria imputar ilicitude ao próprio exercício de um direito subjetivo público com guarida constitucional. 3. A matéria constitucional controvertida consiste em saber se é constitucional o art. 74, §§ 15 e 17, da Lei 9.430/96, em que se prevê multa ao contribuinte que tenha indeferido seu pedido administrativo de ressarcimento ou de homologação de compensação tributária declarada. 4. Verifica-se que o § 15 do artigo precitado foi derrogado pela Lei 13.137/15; o que não impede seu conhecimento e análise em sede de Recurso Extraordinário considerando a dimensão dos interesses subjetivos discutidos em sede de controle difuso. 5. Por outro lado, o § 17 do artigo 74 da lei impugnada também sofreu alteração legislativa, desde o reconhecimento da repercussão geral da questão pelo Plenário do STF. Nada obstante, verifica-se que o cerne da controvérsia persiste, uma vez que somente se alterou a base sobre a qual se calcula o valor da multa isolada, isto é, do valor do crédito objeto de declaração para o montante do débito. Nesse sentido, permanece a potencialidade de ofensa à Constituição da República no tocante ao direito de petição e ao princípio do devido processo legal. 6. Compreende-se uma falta de correlação entre a multa tributária e o pedido administrativo de compensação tributária, ainda que não homologado pela Administração Tributária, uma vez que este se traduz em legítimo exercício do direito de petição do contribuinte. Precedentes e Doutrina. 7. O art. 74, § 17, da Lei 9.430/96, representa uma ofensa ao devido processo legal nas duas dimensões do princípio. No campo processual, não se observa no processo administrativo fiscal em exame uma garantia às partes em relação ao exercício de suas faculdades e poderes processuais. Na seara substancial, o dispositivo precitado não se mostra razoável na medida em que a legitimidade tributária é inobservada, visto a insatisfação simultânea do binômio eficiência e justiça fiscal por parte da estatalidade. 8. A aferição da correção material da conduta do contribuinte que busca à compensação tributária na via administrativa deve ser, necessariamente, mediada por um juízo concreto e fundamentado relativo à inobservância do princípio da boa-fé em sua dimensão objetiva. Somente a partir dessa avaliação motivada, é possível confirmar eventual abusividade no exercício do direito de petição, traduzível em ilicitude apta a gerar sanção tributária. 9. Recurso extraordinário conhecido e negado provimento na medida em que inconstitucionais, tanto o já revogado § 15, quanto o atual § 17 do art. 74 da Lei 9.430/1996, mantendo, assim, a decisão proferida pelo Tribunal* a quo.*"* (RE 796939, Relator: Edson Fachin, Tribunal Pleno, julgado em 18.03.2023, Processo Eletrônico Repercussão Geral – Mérito DJe-s/n divulg 22.05.2023, public 23.05.2023)

Ninguém contesta seriamente a tese segundo a qual o ilícito é um pressuposto essencial da sanção enquanto penalidade. Em outras palavras: sem que seja responsável pela prática de um ilícito, ninguém pode ser compelido a suportar uma penalidade.

Em excelente monografia sobre as multas tributárias, Sacha Calmon Navarro Coêlho reporta-se à diferença entre normas impositivas e normas sancionantes, e afirma, com inteira propriedade:

> A diferença entre elas é simples. As impositivas têm hipótese de incidência compostas de fatos jurígenos lícitos e, por consequência, comandos que impõem *direitos* e *deveres* (relações jurídicas obrigacionais). As sancionantes são feitas de hipóteses de incidência que representam *fatos ilícitos* e de consequências que consubstanciam, sempre, sanções (castigos, penas).[39]

E, mais adiante, Sacha esclarece:

> Sanção é pena. A norma jurídica estatuidora de sanção tem por hipótese a prática de um ato ilícito violador de dever legal ou contratual. Por hipótese uma infração, por consequência uma restrição à vida, liberdade ou direitos outros do homem. No caso da subespécie multa, a norma sancionante tem por hipótese a prática de um ilícito – o descumprimento de algum dever legal ou contratual – e por consequência preceito que obriga o infrator a dar dinheiro a título de castigo (sanção).[40]

Resta-nos, então, saber em que consiste o *ilícito*. Sobre o assunto já escrevemos:

> Embora no âmbito da Filosofia do Direito, e até no âmbito da Teoria Geral do Direito, existam controvérsias em torno do que seja o *ilícito*, prevalece entre os juristas a ideia de que no universo jurídico os comportamentos podem ser qualificados como *lícitos* ou *ilícitos*. Os primeiros são aqueles que estão de acordo, e os últimos aqueles contrários à ordem jurídica, ao direito objetivo.[41]

---

39. Sacha Calmon Navarro Coêlho, *Teoria e Prática das Multas Tributárias*, Rio de Janeiro, Forense, 1992, p. 13.

40. Idem, p. 19.

41. Hugo de Brito Machado, *Curso de Direito Tributário*, 34ª ed., São Paulo, Malheiros Editores, 2013, p. 498.

Maria Helena Diniz registra três significados para a palavra "ilícito", a saber, "1. O que é contrário à lei, à moral e aos bons costumes. 2. O que é vedado, defeso ou proibido por lei. 3. Ato praticado em desacordo com a ordem jurídica, a ponto de violar direito subjetivo individual".[42]

O que se pode questionar é saber se a desconsideração do ato ou negócio jurídico pela autoridade da Administração Tributária tem como pressuposto essencial a prática de um ilícito. Se considerarmos que sim, teremos de concluir que a desconsideração não pode ocorrer para fins tributários e que a norma geral antielisão é inteiramente inútil, pois se o ato é lícito há de ser respeitado pelo Fisco, e se é ilícito pode o Fisco lavrar contra quem o praticou o competente auto de infração e cobrar o tributo e a penalidade cabível no caso.

A nosso ver, evitar o *planejamento tributário*[43] é um problema do legislador, que deve definir os fatos geradores dos impostos de modo a evitar que o contribuinte possa obter o mesmo resultado econômico sem a prática desses fatos. Por isto mesmo sustentamos a existência de um verdadeiro direito ao planejamento tributário – assunto que estudaremos no próximo capítulo.

---

42. Maria Helena Diniz, *Dicionário Jurídico*, vol. 2, São Paulo, Saraiva, 1998, p. 750.

43. Entendida, obviamente, a expressão "planejamento tributário" como conduta que, não obstante tenha por objetivo reduzir o ônus tributário, se desenvolve na área da licitude.

# *Capítulo III*

# *O DIREITO AO PLANEJAMENTO TRIBUTÁRIO*



## *1. Introdução*

Nos estudos a respeito do planejamento tributário não são raras as manifestações no sentido de que a opção do contribuinte por determinada forma de realizar seus negócios, de exercer sua atividade econômica, depende de um propósito negocial ou, pelo menos, de um motivo não tributário. Autores respeitabilíssimos, de grande destaque no mundo jurídico em nosso País – como é o caso de Marco Aurélio Greco –, sustentam que a validade ou licitude da escolha de uma forma para a prática de atos ou negócios jurídicos depende de um propósito não tributário – o que significa, em outras palavras, que o contribuinte não tem o direito de optar por determinada forma para a prática de um ato ou negócio jurídico se sua motivação for exclusivamente tributária.

A referida doutrina sustenta, em síntese, não existir um direito ao planejamento tributário – tese com a qual não podemos, de nenhum modo, concordar. No ordenamento jurídico brasileiro é indiscutível a existência do direito do contribuinte ao planejamento tributário, que se caracteriza pelo procedimento desenvolvido com o objetivo de evitar ou reduzir o ônus tributário, dentro do campo da licitude.

É certo que existem práticas preconizadas por alguns com o nome de "planejamento tributário" que ultrapassam os limites da licitude. Práticas abusivas, que não merecem o nome de "planejamento tributário", porque, na verdade, consubstanciam verdadeiras fraudes – situando-se, portanto, no campo da ilicitude. Isto, porém, não quer dizer que não exista o direito ao *planejamento tributário*, que é, a rigor, atividade distinta da fraude fiscal. Direito subjetivo do contribuinte de escolher para a prática de suas atividades a forma que seja menos onerosa do ponto de vista tributário, desde que se mantendo no campo da licitude.

É a existência desse direito subjetivo do contribuinte ao planejamento tributário – vale dizer, a existência de fundamento jurídico para a prática do planejamento tributário – que vamos, neste capítulo, demonstrar.

Começaremos explicando o que se deve entender por "fundamento jurídico". Depois vamos examinar dispositivos de nossa Constituição Federal sobre a *livre iniciativa econômica*, que constitui inegável fundamento para o planejamento tributário. Estudaremos, ainda, o *princípio da legalidade* e a *inadmissibilidade da tributação por analogia*, para finalmente estudarmos a questão de *evitar o planejamento tributário como um problema do legislador*.

## 2. *Fundamento jurídico*

### 2.1 *Sentido da expressão "fundamento jurídico"*

A palavra "fundamento" – vê-se nos dicionários – significa "base", "alicerce", "sustentáculo", "motivo", "razão", "justificativa".[1] Aurélio Buarque de Holanda Ferreira registra, entre outros significados para a palavra "fundamento", o seguinte:

> Aquilo sobre que se apoia quer um dado domínio do ser (e então o fundamento é a razão de ser), quer uma teoria ou um conjunto de conheci-

---

1. Silveira Bueno, *Minidicionário da Língua Portuguesa*, São Paulo, FTD, 1996, p. 312.

mentos (e então o fundamento é o conjunto de proposições de onde esses conhecimentos se deduzem).[2]

Assim, podemos afirmar que a expressão "fundamento jurídico" significa a base ou o alicerce sobre o qual se apoia um *direito* subjetivo. Ou, então, o conjunto de proposições de onde se deduz a existência de um direito subjetivo. Ou, ainda, dizer-se que algo tem fundamento jurídico quer dizer que aquilo de que se cuida tem apoio no Direito, isto é, pode ser praticado por quem o desejar, sem que ninguém possa se opor ou impedir aquela conduta. Significa dizer que a conduta é válida perante a ordem jurídica.

Explicado o que quer dizer "fundamento jurídico", vamos, então, demonstrar a existência de um direito ao planejamento tributário. Ou, em outras palavras, vamos demonstrar que o planejamento tributário tem, sim, fundamento jurídico no direito positivo brasileiro.

### *2.2 Fundamento jurídico do planejamento tributário*

Entendido que o fundamento jurídico do planejamento tributário é a base oferecida pelo ordenamento jurídico para sua prática, podemos afirmar que no ordenamento jurídico brasileiro vigente a existência desse fundamento é indiscutível. O exame da Constituição Federal e do Código Tributário Nacional revela que o planejamento tributário tem efetivo fundamento jurídico nas garantias concernentes à livre iniciativa econômica, no princípio da legalidade em geral, no princípio da legalidade tributária e na inadmissibilidade de tributação por analogia.

Realmente, a livre iniciativa econômica, o princípio da legalidade geral, o princípio da legalidade tributária e a decorrente inadmissibilidade da tributação por analogia são direitos fundamentais do contribuinte, assegurados de forma expressa e clara pela vigente Constituição Federal e explicitados de forma eloquente pelo Código Tributário Nacional, como adiante será demonstrado.

### *2.3 Propósito negocial ou extratributário e planejamento tributário*

O propósito negocial está presente em todas as atividades econômicas. Não se pode admitir que alguém se estabeleça, instale uma empresa, apenas com o propósito de adotar condutas menos onerosas do ponto

---

2. Aurélio Buarque de Holanda Ferreira, *Novo Aurélio – Dicionário da Língua Portuguesa*, Rio de Janeiro, Nova Fronteira, 1999, p. 952.

de vista tributário. Melhor seria não fazer nada, para não ser obrigado a pagar tributo. Entretanto, se alguém resolve exercer uma atividade econômica ou profissional qualquer e tem várias alternativas empresariais, é lícito que escolha uma delas tendo em vista o menor ônus tributário. O propósito da escolha de uma das diversas formas de atuar pode ser exclusivamente tributário.

A falta de propósito negocial na opção feita pelo contribuinte ao adotar esta ou aquela forma para sua atividade empresarial não pode ser colocada como fundamento para a exigência de tributo.

O exame da Tabela de Incidência do IPI nos mostra que existe uma grande quantidade de produtos para os quais a alíquota é zero. E outra grande quantidade de produtos para os quais existe a indicação "NT", indicando que são produtos não sujeitos à incidência daquele imposto. Se alguém que se estabelece como industrial resolve fabricar um dos produtos para os quais a alíquota é zero, ou um dos produtos não tributados, e o faz com o único e exclusivo propósito de não se submeter ao referido imposto, estará fazendo uma opção lícita e, ainda que não tenha nenhum propósito estranho à questão tributária, a falta de um propósito negocial a motivar essa opção não pode ser invocada pelo Fisco para exigir o imposto, que, no caso, não é devido.

Há quem admita a desnecessidade de propósito negocial mas aponte como necessária à licitude do planejamento tributário a existência de um propósito extratributário. Em outras palavras: essa doutrina sustenta que atos ou negócios jurídicos dos quais decorra a eliminação ou a redução do ônus tributário, para serem válidos, devem ter sido praticados com um propósito que não seja exclusivamente a economia de tributos, vale dizer, não seja exclusivamente tributário.

Voltaremos ao tema nos capítulos relativos ao *planejamento e ilícito tributário* e à *norma geral antielisão*.

## 3. *A livre iniciativa econômica*

### 3.1 *Opção política pela liberdade econômica*

Ao tratar da ordem econômica e financeira, a vigente Constituição Federal estabelece:

> Art. 170. A ordem econômica, fundada na valorização do trabalho humano e na livre iniciativa, tem por fim assegurar a todos existência digna, conforme os ditames da justiça social, observados os seguintes princípios: I – soberania nacional; II – propriedade privada; III – função

> social da propriedade; IV – livre concorrência; V – defesa do consumidor; VI – defesa do meio ambiente, inclusive mediante tratamento diferenciado conforme o impacto ambiental dos produtos e serviços e de seus processo de elaboração e prestação; VII – redução das desigualdades regionais e sociais; VIII – busca do pleno emprego; IX – tratamento favorecido para as empresas de pequeno porte constituídas sob as leis brasileiras e que tenham sua sede e administração no País.
>
> Parágrafo único. É assegurado a todos o livre exercício de qualquer atividade econômica, independentemente de autorização de órgãos públicos, salvo nos casos previstos em lei.

Como se vê, o constituinte brasileiro fez uma opção política pela liberdade econômica. E essa opção é da maior importância, porque, em face da supremacia constitucional, esse modelo se impõe na ordem jurídica em geral, sendo desprovida de validade qualquer regra eventualmente inserida no ordenamento jurídico que o contrarie.

Na verdade, temos um verdadeiro plano econômico de ordem impositiva, pelo fato de estar albergado pela Constituição Federal. É o que nos ensina, com propriedade, Paulo Bonavides, ao escrever:

> Já houve quem afirmasse que "as novas Constituições são verdadeiros planos de política econômica", o que demonstra a excepcional importância atribuída pelo Constitucionalismo moderno a uma organização sólida das finanças públicas.
>
> "As Constituições tendem mais a ser Cartas econômicas sociais do que políticas, como haviam sido em épocas passadas", escreveu Mario González, acrescentando que, no Estado Moderno, a política clássica, de "caráter teórico-especulativo", se transformou, essencialmente, numa política prática, de "caráter econômico-social".[3]

Na medida em que a Constituição Federal garante a livre iniciativa econômica – vale dizer, garante o direito de exercer livremente qualquer atividade econômica ou profissional –, está garantida a livre concorrência, que, aliás, é objeto de expressa referência no dispositivo constitucional acima transcrito (art. 170, IV).

### *3.2 Garantia constitucional da livre concorrência*

A garantia constitucional da livre concorrência – repita-se – faz parte da garantia à livre iniciativa econômica. E o tema é da maior rele-

3. Paulo Bonavides, *Curso de Direito Constitucional*, 28ª ed., São Paulo, Malheiros Editores, 2013, p. 49.

vância quando se estuda o planejamento tributário, porque as garantias constitucionais em referência constituem limitação ao poder de tributar – limitação que, como geralmente acontece com as limitações a qualquer forma de poder, tende a ser rejeitada pelo poderoso, e dessa natural rejeição resultam intermináveis conflitos.

Sobre o tema já escrevemos:

> A garantia constitucional da livre concorrência constitui ponto de graves divergências na relação Fisco/contribuinte. Essa garantia, na verdade, assegura aos cidadãos ampla liberdade para se dedicar a atividades econômicas. Somada à garantia da liberdade do exercício profissional, implica a todos assegurar o direito de exercerem suas atividades, sejam elas econômicas ou profissionais, da forma que melhor lhes parecer. É inteiramente inadmissível, porque contrária ao sentido dessas liberdades, a ideia de que no desempenho de atividades econômicas ou profissionais o cidadão está obrigado a optar pela forma que implique maior ônus tributário.
>
> Como assevera Ives Gandra da Silva Martins, apoiado na doutrina de Sacha Calmon Navarro Coêlho, "nenhuma autoridade fiscal pode impor, a qualquer cidadão brasileiro ou residente no Brasil, a proibição de constituir sociedade, mesmo para atuar em área que pessoas físicas possam fazê-lo, sem violentar o art. 170, parágrafo único, da CF". [*Ives Gandra da Silva Martins, "Princípio da livre iniciativa – Liberdade de associação e exercício profissional – Inaplicabilidade da norma antielisão em face dos princípios da estrita legalidade e da tipicidade fechada em matéria tributária – Supremacia da Constituição" (parecer),* ***Interesse Público*** *33/235, Porto Alegre, Fórum, 2003*]
>
> Para conseguir condições que lhe permitam competir no mercado, o cidadão só não pode violar a lei. Pode, sim, escolher as formas de agir que sejam menos gravosas do ponto de vista tributário. A escolha contrária é que seria absurda, até porque contrária à própria natureza das coisas. E como a liberdade de fazer essas escolhas é de todos, evidentemente é compatível, sim, com a livre concorrência.[4]

Neste como em qualquer setor da conduta humana a licitude é o limite da liberdade de agir sem sofrer sanções. Ninguém pode, seriamente, colocar em dúvida que o limite da liberdade de escolher a forma menos onerosa de agir é sempre o limite da licitude. Em outras palavras: se a forma escolhida é lícita, será indiscutível o direito de fazer a escolha, qualquer que seja sua motivação. E se a forma de agir é ilícita configuram-se a fraude e o crime de supressão ou redução de tributo, previsto na Lei 8.137, de 27.12.1990.

---

4. Hugo de Brito Machado, *Direitos Fundamentais do Contribuinte e a Efetividade da Jurisdição*, São Paulo, Atlas, 2009, p. 137.

### *3.3 Opção pelo menor ônus tributário*

Dentro do campo da licitude, é inegável que o contribuinte tem sempre o direito de optar pela forma de desenvolver sua atividade que implique o menor ônus tributário. O limite a esse seu direito é exatamente o limite do campo da licitude.

A propósito do assunto, Alfredo Augusto Becker, apoiado na doutrina de Albert Hensel e Gaston Jèze, ensina:

> É aspiração naturalíssima e intimamente ligada à vida econômica a de se procurar determinado resultado econômico com a maior economia, isto é, com a menor despesa (e os tributos que incidirão sobre os atos e fatos necessários à obtenção daquele resultado econômico são parcelas que integrarão a despesa). [*Albert Hensel, **Diritto Tributario**, Milano, 1968 (trad. italiana da 3ª ed. alemã de 1935), p. 143*] Ora, todo o indivíduo, desde que não viole regra jurídica, tem a indiscutível liberdade de ordenar seus negócios de modo menos oneroso, inclusive tributariamente. [*Albert Hensel, **Diritto Tributario**, Milano, 1968 (trad. italiana da 3ª ed. alemã de 1935), p. 148. No mesmo sentido: Gaston Jèze, "L'évasion legitime de l'impôt se traduit par um principe fondamental em mattière fiscal: les contribuants ont le droit d'arranger leurs affaires, leur fortune, leur genre de vie, de maniére à payer les impôts les moins élevés ou à ne payer aucun impôt, pourvu qu'ils ne violent aucune règle légale" (**Cours de Finances Publiques**, ed. 1936-1937, p. 83, **apud Repertório Enciclopédito do Direito Brasileiro**, vol. 9, verbete "Codificação", p. 112*]. Aliás, seria absurdo que o contribuinte, encontrando vários caminhos legais (portanto, lícitos) para chegar ao mesmo resultado, fosse escolher justamente aquele meio que determinasse pagamento de tributo mais elevado.
>
> No Estado de Direito, as Constituições têm consagrado a regra de que ninguém pode ser obrigado a fazer ou deixar de fazer alguma coisa senão em virtude de lei. Por conseguinte, para que o contribuinte seja obrigado a adotar o caminho tributariamente mais oneroso é absolutamente necessário que exista regra jurídica que o obrigue a tal escolha. [*Albert Hensel, **Diritto Tributario**, Milano, 1968 (trad. italiana da 3ª ed. alemã de 1935), p. 148*]
>
> Com muita agudeza observa Albert Hensel que "o comando – tu deves pagar o imposto – está sempre condicionado à frase: se tu realizas a hipótese de incidência (não se tu visas a um determinado efeito econômico)". [Albert Hensel, *Diritto Tributario*, Milano, 1968 (trad. italiana da 3ª ed. alemã de 1935), p. 148] Noutras palavras, a regra jurídica tributária incidirá sobre sua hipótese de incidência somente quando esta se realize.[5]

---

5. Alfredo Augusto Becker, *Teoria Geral do Direito Tributário*, São Paulo, Saraiva, 1963, pp. 122-123.

O que, na verdade, importa é saber se o fato realizado pelo contribuinte concretiza, ou não, a hipótese de incidência tributária. Se não concretiza, e para proporcionar o resultado desejado não transcende o campo da licitude, sua prática é um direito do contribuinte. Não temos dúvida de que o propósito da escolha de determinada forma de alcançar um resultado econômico pode ser exclusivamente tributário. A exigência de propósito negocial constitui verdadeira falácia, como falácia é também a exigência de um propósito qualificado como extratributário.

Infelizmente, o direito do contribuinte de optar pela forma menos onerosa do ponto de vista tributário nem sempre é respeitado pelo Fisco, que não tem o menor respeito pelo Direito, importando-lhe – isto, sim – o dinheiro que pretende arrecadar.

Um fato do qual tomamos conhecimento em nossa atividade profissional presta-se como exemplo dessa atitude do Fisco, que reputamos importante colocar neste contexto, para que o leitor tire suas próprias conclusões. O fato é o seguinte: um comerciante que vendia ventiladores importados verificou que as alíquotas do imposto de importação e do IPI incidentes sobre a importação de peças para ventiladores eram menores do que as alíquotas desses impostos incidentes sobre a importação de ventiladores. E, então, resolveu constituir uma empresa para montar ventiladores no País. Importava as peças, menos o motor, que comprava de indústria local, e montava os ventiladores.

O Fisco formulou contra a referida empresa a exigência dos impostos, calculados com a alíquota mais elevada. Contra tal exigência sugerimos fosse formulada impugnação, nestes termos:

> (...), pessoa jurídica com sede na rua (...), n. (...), Município de (...), neste Estado, por seu procurador e advogado que a presente subscreve, vem impugnar o auto de infração conta a mesma lavrado em virtude da importação de que trata a DI n. (...), pelas razões que passa a expor:
>
> 1. A autuada importou peças para a produção de ventiladores, entre as quais não estavam os motores elétricos, parte essencial de tais ventiladores, nem as hélices, igualmente essenciais para a montagem dos mesmos. Este fato é plenamente reconhecido pela autoridade autuante, não sendo, portanto, objeto de nenhuma controvérsia.
>
> 2. O auto de infração foi lavrado porque, conforme está nele escrito, aplica-se ao caso a Regra Geral "2.a" para Interpretação do Sistema Harmonizado, e, segundo essa regra, "quando um produto se encontrar desmontado ou por montar deve ser classificado na mesma posição do artigo completo ou acabado". E acrescenta a autuação: "A ausência dos motores elétricos não constitui fator impeditivo para aplicação da citada regra".

3. Esse raciocínio, excessivamente simplista, na verdade não tem qualquer consistência, porque contraria a própria razão de ser da diferença da alíquota aplicável no caso da importação de ventiladores, que se classificam na posição 84.14.51, e no caso da importação de peças para ventiladores, classificadas na posição 84.14.90.20.

4. Realmente, a alíquota menor aplicável na importação de peças tem por finalidade estimular a instalação de montadoras no território nacional, com a utilização de mão de obra local e consequente incremento da oferta de empregos no País.

5. No caso de que se cuida, aliás, as hélices e os motores, não importados pela impugnante, são absolutamente essenciais à produção de ventiladores. E não se pode dizer que as partes efetivamente importadas têm a mesma característica dos ventiladores, posto que sem as hélices e sem os motores as partes importadas não servem para nada.

6. Por outro lado, os argumentos da autoridade autuante não resistem à análise jurídica, posto que apoiados na analogia, e portanto em conflito flagrante com o que expressamente estabelece o art. 108, § 1º, do CTN, segundo o qual da aplicação da analogia não pode resultar na cobrança de tributo não previsto em lei.

7. Aliás, basta o exame dos elementos colocados pela autoridade autuante no auto de infração em causa para ver-se que a interpretação por ela adotada não se sustenta. Vejamos as seguintes afirmações da autoridade autuante, em síntese:

(a) Nos termos do item IV das considerações gerais sobre a Seção XVI, qualquer referência a máquinas compreende não só as máquinas completas, mas também aquelas nas quais faltem certos componentes.

(b) No item V, intitulado "Máquinas e Aparelhos Não Montados", encontra-se idêntica regra.

(c) A nota 5 da Seção XVI amplia o conceito de máquinas.

(d) Por analogia, ressalta o que se diz no Capítulo 87, relativo a veículos, onde se admite a tributação, como veículo, de um veículo sem motor.

E arremata: "*Ora, se um veículo sem motor se classifica como veículo, por mais razão ainda se pode dizer de um ventilador sem motor*".

8. Como se vê, tais argumentos não se compadecem com o direito tributário brasileiro, no qual está consagrado o princípio da estrita legalidade, e por isto mesmo afastada a tributação por analogia.

9. As referências expressas à possibilidade de se considerar o produto completo, quando na verdade está incompleto, não autorizam a conclusão a que chegou a autoridade autuante. Muito pelo contrário, elas a desautorizam claramente.

10. Com efeito, se a referência feita em uma seção autorizasse o mesmo tratamento para as demais, seria absolutamente desnecessária a repetição apontada pela autoridade autuante. Bastaria uma referência. Assim, seria desnecessária a referência à ausência de motor nos veículos.

11. Pela mesma razão, a referência à possibilidade de se considerar como veículo aquele que esteja sem o motor não pode ser aplicada a produtos de outras classificações. O apelo à analogia evidentemente não socorre a pretensão da autoridade impetrante, porque contraria dispositivo expresso do Código Tributário Nacional, como acima já foi dito, que outra coisa, aliás, não fez do que explicitar o que se teria mesmo de entender em face do princípio da legalidade tributária.

12. Aliás, ainda que fosse cabível, em tese, a invocação da analogia para fundamentar a exigência de tributo, no caso de que se cuida tal invocação não teria cabimento, como de fato não tem, porque a importação de automóvel sem motor em nada se equipara à importação de peças para montagem de ventiladores, quando as peças importadas não correspondem nem a 40% do custo do produto.

13. Sabemos todos que um motor de um veículo automóvel não tem valor muito significativo em relação ao preço total do mesmo. Sabemos também que o dispositivo que autoriza a tributação de um veículo sem motor, como se estivesse completo, tem uma origem que se explica pela prática de importações clandestinas, verdadeiros descaminhos, desses veículos, que eram introduzidos no território nacional sem os respectivos motores com o propósito de, se apreendidos, serem arrematados a preço insignificante, porque ninguém iria querer arrematar aquele produto incompleto. O arrematante era sempre um "testa de ferro" do importador, que comparecia ao leilão e tomava a iniciativa de examinar o produto, denunciando-lhe de público o defeito. Diante do desinteresse dos demais, terminava por arrematar aqueles automóveis incompletos a preço insignificante, porque já cuidara de fazer chegar ao País, por vias clandestinas, os motores correspondentes.

14. O caso dos veículos automotores vê-se que em nada se assemelha ao caso da impugnante. As peças para fabricação de ventiladores, que importa, não chegam a representar, na média, 40% do custo total dos produtos por ela fabricados.

15. Realmente, como se pode ver das planilhas que acompanham a presente, na maior parte dos ventiladores produzidos pela impugnante o custo do motor, adquirido no mercado nacional, ultrapassa o custo de todos os componentes importados. Em alguns casos a parcela do custo incorrido no País chega a ser em torno do triplo do custo de todos os componentes importados. No caso do ventilador de mesa 30 CM 220v, por exemplo, o custo incorrido no País, ou custo nacional, corresponde a 77% do custo total, no qual todos os componentes importados participam com apenas 23%.

16. Não há, portanto, nenhuma semelhança entre a situação da importação de que se cuida e as situações invocadas pelo signatário do auto de infração ora impugnado.

17. Ressalte-se, finalmente, que a impugnante procede da forma como procede exatamente em cumprimento do que pactuou com o Governo do Estado do Ceará, empenhado no desenvolvimento deste Estado

e no aumento da oferta de empregos no Ceará, que, em face do notável desempenho de seus governantes, desfruta de situação privilegiada no cenário nacional. É incrível, pois, que se veja impedida de prosseguir com a atividade a que se comprometeu, e deste modo contribuir para o desenvolvimento deste Estado.

Pelas razões expostas, pede e espera seja a ação fiscal de que se cuida julgada improcedente, como de fato é.

Não temos dúvida quanto à existência do direito de uma empresa de importar peças e fazer a montagem no território nacional como forma de suportar menor ônus tributário. E nos parece que o estabelecimento de alíquotas menores para a importação de peças em relação às alíquotas relativas à importação do produto pronto tem a finalidade de estimular empresas a instalar montadoras no País, pois com isto será aumentada a oferta de empregos. Assim, pode-se afirmar que a própria edição do ato que estabeleceu as alíquotas, no caso, estimula a escolha com o propósito tributário, vale dizer, com o propósito de economizar tributo. E, a nosso ver, a autoridade da Administração Tributária, competente para estabelecer as alíquotas do imposto de importação e do IPI, fixou alíquotas menores para a importação de peças com o propósito de estimular a instalação, em nosso território, de empresas montadoras.

Seja como for, o propósito da escolha da forma de exercer as atividades pode ser exclusivamente tributário, sem que o direito de fazer tal escolha possa ser negado ao contribuinte. Como adiante vamos demonstrar, cabe ao legislador, conforme o caso, assim como àquele que edita validamente norma infralegal, como no caso do estabelecimento de alíquotas dos impostos ditos flexíveis, estimular ou evitar práticas como a instalação de montadoras no País, aqui referida.

## 4. O princípio da legalidade tributária

### 4.1 *Sentido limitador do princípio da legalidade tributária*

Conforme adiante será exposto, resta evidente o sentido limitador que tem o princípio da legalidade tributária. Aliás, podemos afirmar que o princípio da legalidade é a mais importante limitação constitucional imposta ao poder de tributar, especialmente nos Estados em que está – como no Brasil – estabelecida a divisão dos Poderes estatais.

Como quem quer arrecadar é o Executivo, o dispositivo da Constituição Federal segundo o qual é vedado à União, aos Estados, ao Distrito

Federal e aos Municípios exigir ou aumentar tributo sem que a lei o estabeleça[6] significa impor um importante limite ao poder de tributar, especialmente no que se refere à definição da hipótese de incidência tributária.

Esse importante limite, aliás, está explicitado no Código Tributário Nacional, na própria definição de tributo como prestação pecuniária compulsória *instituída em lei* e cobrada mediante *atividade administrativa plenamente vinculada.*[7] E, ainda, ao cuidar das normas gerais de direito tributário, quando, além de reservar expressamente à lei a instituição, a majoração e a extinção do tributo,[8] diz claramente que somente a lei pode estabelecer o fato gerador da obrigação tributária principal [9] – vale dizer: somente a lei pode descrever a hipótese de incidência tributária.

Além de tudo isto, cuidou ainda o Código Tributário Nacional de vedar a tributação por analogia – como adiante se verá –, deixando, assim, fora de qualquer dúvida razoável que em nosso sistema jurídico cabe ao legislador, e não ao aplicador da lei tributária, o papel de evitar que o contribuinte adote em suas atividades formas que evitam ou reduzem a incidência de tributos.

### *4.2 Confusa distinção entre princípios e regras jurídicas*

A depender do critério utilizado para definir a *legalidade* como um *princípio* ou como uma *regra* jurídica é que se admitirá sua flexibilização e, com isto, se negará a tipicidade tributária como um direito fundamental do contribuinte.

Os que negam o sentido limitador do princípio da legalidade tributária alimentam o mito ou o equívoco que existe na distinção entre princípios e regras jurídicas. Parece que tomam o critério da fundamentalidade para definir a legalidade como princípio mas admitem sua ponderação e aceitam que ele pode ser aplicado na medida do possível, formulando sua ponderação com o princípio da capacidade contributiva.

Virgílio Afonso da Silva, depois de resumir a doutrina de Ronald Dworkin e de Robert Alexy a respeito da distinção entre princípios e regras, escreve:

---

6. CF de 1988, art. 150, II.
7. CTN, art. 3º.
8. CTN, art. 97, I e II.
9. CTN, art. 97, III.

Como ficou claro na exposição anterior, o conceito de princípio usado por Robert Alexy, como espécie de norma contraposta à regra jurídica, é bastante diferente do conceito de princípio tradicionalmente usado na literatura jurídica brasileira. "Princípios" são, tradicionalmente, definidos como "mandamentos nucleares" ou "disposições fundamentais" de um sistema, [*Cf., por todos, Celso Antônio Bandeira de Mello,* ***Curso de Direito Administrativo****, p. 408*] ou, ainda, como "núcleos de condensações"'. [*Cf. J. J. Gomes Canotilho e Vital Moreira,* ***Fundamentos da Constituição****, p. 49*] A nomenclatura pode variar um pouco de autor para autor – e são vários os que se dedicaram ao problema dos princípios jurídicos no Brasil –, mas a ideia costuma ser a mesma: *princípios seriam as normas mais fundamentais do sistema*, enquanto as *regras* costumam ser definidas como uma concretização desses princípios e teriam, por isso, caráter mais instrumental e menos fundamental. No âmbito dessa distinção, são inúmeras as tentativas de classificação dos princípios constitucionais. Canotilho, por exemplo, fala de "princípios jurídicos fundamentais", "princípios políticos constitucionalmente conformadores", "princípios constitucionais impositivos" e "princípios-garantia". [*J. J. Gomes Canotilho,* ***Direito Constitucional e Teoria da Constituição****, pp. 1.038* ***et seq.***] José Afonso da Silva, por sua vez, fala em "princípios constitucionais fundamentais" e "princípios constitucionais gerais". [*Cf. José Afonso da Silva,* ***Curso de Direito Constitucional Positivo****, pp. 97* ***et seq.***] Jorge Miranda fala, ainda, em "princípios axiológicos fundamentais", "princípios político-constitucionais" e "princípios constitucionais instrumentais". [*Jorge Miranda,* ***Manual de Direito Constitucional****, II, pp. 202 et seq.*] Luís Roberto Barroso, por fim,[10] fala em "princípios fundamentais", "princípios gerais" e "princípios setoriais". [*Cf. Luís Roberto Barroso,* ***Interpretação e Aplicação da Constituição****, pp. 147* ***et seq.***]

Não pretendo discutir qual dessas classificações é a mais adequada – se é que há uma que seja mais adequada que as outras. Minha intenção, ao fazer essa breve exposição, é simplesmente explicitar as diferenças entre essas concepções de princípios e aquela exposta nos tópicos anteriores. É meu objetivo, além disso, analisar qual a relação possível entre ambas.

A principal diferença entre ambas as propostas é facilmente identificável. O conceito de princípio na teoria de Alexy *nada* diz sobre a fundamentalidade da norma. Assim, um princípio pode ser um "mandamento nuclear do sistema", *mas pode também não o ser*, já que uma norma é um princípio *apenas em razão de sua estrutura normativa* e não de sua fundamentalidade.

Essa diferença entre os conceitos de princípio tem consequências importantes na relação entre ambas as concepções. Tais consequências, no entanto, passam muitas vezes despercebidas, visto que é comum, em trabalho

---

10. Com 'por fim' quero apenas apontar o fim dessa pequena exposição de caráter exemplificativo. Outras muitas classificações existem e poderiam ser citadas. Para a finalidade aqui visada, contudo, isso não é necessário.

sobre o tema, que se proceda, preliminarmente, à distinção entre princípios e regras com base nas teorias de Dworkin ou Alexy, ou em ambas, para que seja feita, logo em seguida, uma tipologia dos princípios constitucionais, nos moldes das concepções que chamei de tradicionais. [*Seguindo esse modelo, cf., por exemplo, Walter Claudius Rothenburg,* ***Princípios Constitucionais****, pp. 24, 32* ***et seq.*** *(distinção entre regras e princípios segundo Alexy) e 67* ***et seq.*** *(classificação "tradicional" dos princípios segundo vários autores). Walter Rothenburg, após citar as tipologias de Canotilho, Edilson Farias e Luís Roberto Barroso, conclui: "Todas essas propostas de classificação podem ser adotadas" (p. 71). Isso somente é verdade caso não seja adotada a distinção proposta por Alexy, visto que muito daquilo que Canotilho, Farias e Luís Roberto Barroso classificam como princípios são, segundo os critérios usados por Alexy, regras. Em sentido semelhante ao de Rothenburg, cf. Ruy Samuel Espíndola,* ***Conceito de Princípios Constitucionais****, pp. 69* ***et seq.*** *(distinção entre regras e princípios segundo Dworkin e Alexy) e 221* ***et seq.*** *(classificação dos princípios segundo o modelo de Canotilho); também Francisco Marques de Lima,* ***O Resgate dos Valores na Interpretação Constitucional****, pp. 131* ***et seq.***] Há, contudo, uma contradição nesse proceder. Muito do que as classificações tradicionais chamam de princípio deveria ser, se seguirmos a forma de distinção proposta por Alexy, chamado de regra. Assim, falar em princípio do *nulla poena sine lege*, em princípio da legalidade, em princípio da anterioridade, entre outros, só faz sentido para as teorias tradicionais. Se se adotam os critérios propostos por Alexy, essas normas são regras, não princípios. Todavia, mesmo quando se diz adotar a concepção de Alexy, ninguém ousa deixar esses "mandamentos fundamentais" de fora das classificações dos princípios para incluí-los na categoria das regras.[11]

Nessa confusão parece ter incorrido Marco Aurélio Greco. Aliás, Greco foi muito além ao contribuir para tanta confusão ensinando que, além dos *princípios* e das *regras*, existem as "limitações", e ensinando que a legalidade tributária não é um princípio, mas uma *limitação*. Assim é que afirma, categoricamente:

> Mais do que simples distinção de taxionomia, existe uma diferença substancial entre princípios e limitações. Ambos têm por objeto o poder de tributar e ambos dispõem sobre o seu exercício. Embora o objeto de ambos seja o mesmo (= poder de tributar), dispõem sobre ele de modo diametralmente oposto. Os princípios veiculam diretrizes *positivas* a serem atendidas no seu exercício, indicando um caminho a ser seguido pelo legislador ou pelo aplicador do Direito. Como diretrizes positivas, apontam algo desejado pelo ordenamento e que o constituinte que ver *alcançado.*

---

11. Virgílio Afonso da Silva, "Princípios e regras: mitos e equívocos acerca de uma distinção", *Revista Latino-Americana de Estudos Constitucionais* 1/612-613, Belo Horizonte, Del Rey, 2003.

> As limitações (como seu próprio nome diz) têm função negativa, condicionando o exercício do poder de tributar, e correspondem a barreiras que não podem ser ultrapassadas pelo legislador infraconstitucional; ou seja, apontam para algo que o constituinte quer ver *não atingido* ou protegido. Em suma, enquanto os princípios indicam um caminho a seguir, as limitações nos dizem por onde não seguir.
>
> Legalidade, anterioridade, irretroatividade e vedação ao confisco *não são princípios*, não só em virtude do seu conteúdo negativo, inibidor do exercício do poder de tributar, como também porque a própria Constituição Federal literalmente os considera limitações ao poder, e não princípios informadores do seu exercício. *Princípios*, no dizer da própria Constituição, são, por exemplo, a uniformidade do ordenamento tributário, dada pelo papel da lei complementar (art. 146); a capacidade contributiva como diretriz positiva voltada ao legislador e ao aplicador (art. 145, § 1º); a coerência e a racionalidade do ordenamento, na medida em que existem espécies tributárias distintas (art. 145, *caput* e § 2º), e a neutralidade da tributação em relação à competição (art. 146-A).
>
> Parte da doutrina tem percebido a existência de mudança na natureza destas figuras, como se lê em Hugo de Brito Machado, que, apesar de uma nova conformação, assume posição que, em vez de separar os conceitos, os reúne numa só formatação. Com efeito, depois de enumerar as limitações constitucionais, dentre as quais estão legalidade, anterioridade, irretroatividade etc., o autor trata-as como "princípios" e sustenta que "os princípios jurídicos da tributação funcionam como limitações ao poder de tributar". [***Curso de Direito Tributário**, 24ª ed., São Paulo, Malheiros Editores, 2004, p. 258*] Com a devida vênia, eles não "funcionam" como limitações; legalidade, anterioridade, irretroatividade, vedação ao confisco, imunidade e vedação ao tráfego são limitações, e não princípios. [*Isonomia (art. 150, II) não é nem princípio nem regra. É postulado normativo (Humberto Ávila, ob. cit.). A isonomia é também considerada limitação ao poder de tributar, pois o comprometimento que da sua agressão resulta para a lei corresponde a um efeito desse postulado*] Esta é uma postura que entendo fundamental fique bem clara, pois dela decorrem consequências altamente significativas que merecem, oportunamente, uma exposição mais ampla.[12]

Como se vê, Marco Aurélio Greco, ao afirmar que legalidade, anterioridade, irretroatividade e vedação ao confisco *não são princípios*, está negando a possibilidade de caracterização dos princípios pelo critério da fundamentalidade. Para o eminente jurista, princípios até podem ser fundamentais, mas caracterizam-se mesmo é pela estrutura aberta, como ocorre com a *capacidade contributiva*, a *coerência* e a *racionalidade* do ordenamento jurídico.

12. Marco Aurélio Greco, *Planejamento Tributário*, São Paulo, Dialética, 2004, pp. 197-198.

Na verdade, o Direito, em qualquer de suas formas de manifestação, é um sistema de limites ao poder, sem o qual as relações entre os seres humanos seriam sempre relações de poder, nas quais os titulares de poder imporiam sempre aos demais suas vontades. Sobre o tema já escrevemos:

> Limitando liberdades, o Direito limita o poder, pois na verdade o exercício do poder pressupõe a liberdade. O poder, como se sabe, é a aptidão dos seres humanos para decidir e fazer valer suas decisões. Apresenta-se de diversas formas e tem vários fundamentos. Fala-se de poder econômico, poder político, poder de liderança etc. A todas essas formas de poder o Direito impõe limites, para que os poderosos não abusem do poder. O Direito é um instrumento adequado para o estabelecimento de limites do poder.
>
> Maravilhoso instrumento, aliás. Seguramente o melhor, se não o único capaz de assegurar um razoável grau de harmonia entre os seres humanos. O melhor, se não o único instrumento capaz de reduzir a níveis toleráveis os conflitos e de viabilizar a solução pacífica, civilizada, racional, daqueles que se mostraram inevitáveis.[13]

Não temos dúvida de que todas as manifestações do Direito, sejam quais forem as denominações que adotemos para elas, são formas de limitações do poder. Por isto mesmo é que preferimos não adotar a distinção apontada por Marco Aurélio Greco entre *princípios jurídicos* e *limitações*. E no estudo do planejamento tributário preferimos limitar nossa incursão à distinção entre *princípios* e *regras*, considerando que nessa distinção residem os mitos e a confusão que têm permitido cogitar-se de sopesamento entre *legalidade* e *capacidade contributiva*.

Vamos, então, estudar a distinção entre *princípios* e *regras* para explicar que, embora a legalidade tributária seja apontada como um *princípio*, ela deve ser considerada como uma *regra* no que concerne à sua estrutura; e, por isto mesmo, não devemos admitir nenhuma forma de sopesamento.

## *5. Distinção entre princípios e regras*

### *5.1 Considerações iniciais*

A doutrina que nos parece mais respeitável trata os *princípios* e as *regras* como espécies de normas. E afirma que devemos distinguir *nor-*

---

13. Hugo de Brito Machado, *Introdução ao Estudo do Direito*, 3ª ed., são Paulo, Atlas, 2012, p. 7.

*ma* de texto, posto que a *norma* é sempre um comando do qual tomamos conhecimento com a interpretação de um texto.

Albergando normas, os textos podem albergar regras e podem albergar princípios. Na interpretação é que devem ser eliminadas certas imprecisões de significados de certas palavras. A distinção entre princípios e regras é a distinção entre duas espécies de normas, e não entre duas espécies de textos. Por isto é que a identificação tanto das *regras* como dos *princípios* pressupõe uma interpretação prévia. Antes da interpretação temos *textos*. Depois da interpretação temos *regras* ou *princípios*. As regras ou são ou não são aplicáveis (subsumíveis) a certos fatos. Já, os princípios podem entrar em conflito uns com outros; por isto se diz que o ser passível de sopesamento é uma característica dos princípios.

As regras resultam da interpretação de textos. Nestes, nos textos, é que pode haver imprecisão em certas palavras, e são ou não são aplicáveis a certos fatos. São regras, portanto, as definições de hipóteses de incidência tributária, que são ou não são aplicáveis em face da ocorrência de certos fatos.

Os princípios também resultam da interpretação de textos. Entretanto, mesmo depois de superada a imprecisão do texto com a escolha do significado de certas palavras, ainda não se pode dizer que são ou não aplicáveis a certos fatos. São aplicáveis em certa medida, pois constituem mandamentos de otimização.

Com base nessas considerações iniciais podemos afirmar que em nosso direito tributário um excelente exemplo de princípio é o princípio da capacidade contributiva, enquanto um excelente exemplo de regra é o denominado princípio da legalidade. Entretanto, tem prevalecido na doutrina a expressão "princípio da legalidade tributária" e subsistem intermináveis divergências em torno da distinção entre regras e princípios. Por isto é que autores respeitáveis pretendem dar à legalidade o mesmo tratamento dispensado à capacidade contributiva. Assim, Marco Aurélio Greco considera que pode haver uma ponderação entre legalidade e capacidade contributiva, por se tratar de princípios que estariam no mesmo plano quanto à fundamentalidade e seriam, portanto, mandamentos de otimização. Adota a fundamentalidade como critério para a caracterização da legalidade como princípio e desconsidera a estrutura dessa norma.

### *5.2 Questionando a distinção entre princípios e regras*

Existe realmente uma distinção entre princípios e regras jurídicas?

Como geralmente ocorre em relação a questões jurídicas importantes, a doutrina se mostra dividida. Uns sustentam que não existe diferença ou que a distinção não tem nenhuma utilidade.[14] Outros afirmam existir a diferença, mas divergem entre eles quanto aos critérios de classificação de uma norma como princípio ou como regra.

Virgílio Afonso da Silva registra a ideia de que:

> O conceito de norma jurídica e a discussão sobre suas espécies são temas de infindáveis controvérsias e os juristas parecem ter uma grande dificuldade para chegar ao menos perto de algum denominador comum acerca do objeto de sua disciplina.[15]

E, mais adiante, firmando sua posição a favor da questionada distinção, no mesmo texto, assevera:

> Ainda que a distinção entre princípios e regras não seja recente, não há dúvida de que a grande discussão sobre esse problema ganhou a força atual com as obras de Ronaldo Dworkin e Robert Alexy. Vou me limitar, portanto, a uma brevíssima exposição das teses desses dois autores.
>
> Tanto Dworkin quanto Alexy são representantes da tese da separação qualitativa entre regras e princípios, que advoga que a distinção entre ambas as espécies de normas é de caráter lógico. Uma alternativa a essa tese é aquela que defende que a distinção entre ambos é de grau, seja de grau de generalidade, abstração ou de fundamentalidade. Essa é a tese mais difundida no Brasil. Por fim, há aqueles que, por diversas razões, rejeitam a possibilidade ou a utilidade da distinção entre regras e princípios.[16]

Humberto Ávila, por seu turno, garante a existência de *princípios* e *regras*, como distintas espécies de norma jurídica, e acrescenta a existência dos "postulados". Para ele, a legalidade tributária pode ser vista como regra, princípio e postulado. E explica as consequências de se visualizar a legalidade como cada uma dessas três espécies de norma. Conclui seu interessante estudo ressaltando:

> Mais do que afastar discussões doutrinárias aparentes, essa investigação demonstra que, a pretexto de examinar uma só norma, a doutrina

---

14. A. Aarnio e L. Prieto Sanchis (o primeiro nega a existência e o segundo a utilidade da distinção), citados por Juan Cianciardo, "Princípios e regras: uma abordagem a partir dos critérios de distinção", in Roberto Ferraz (coord.), *Princípios e Limites da Tributação*, São Paulo, Quartier Latin, 2005, p. 105.

15. Virgílio Afonso da Silva, "Princípios e regras: mitos e equívocos acerca de uma distinção", cit., *Revista Latino-Americana de Estudos Constitucionais* 1/607.

16. Idem, p. 609.

termina, ao focalizar a "legalidade", por estudar três normas completamente diferentes: uma regra, um princípio e um postulado, cada qual com diferente estrutura e funcionalidade.[17]

Com essa percuciente explicação, Ávila justifica por que o geralmente denominado princípio da legalidade tributária tem o efeito de uma regra, afastando qualquer pretensão de relativização, e ao mesmo tempo o efeito de princípio, e até de postulado, afastando qualquer pretensão de considerá-lo atingido por outras regras que aparentemente a ele se oponham.

Consideramos de grande importância a distinção entre princípios e regras, como espécies de norma, sobretudo para explicar a impossibilidade de relativização das regras e a importância ou fundamentalidade dos princípios. E, assim, entendemos que a legalidade tributária é uma regra, na medida em que não admite nenhuma forma de relativização, e é um princípio, na medida em que tem enorme importância em todo o sistema jurídico.

Seja como for, o que não se pode admitir é a consideração da legalidade como princípio apenas para com isto viabilizar sua relativização. É um princípio, sim, por sua fundamentalidade, mas é uma regra, por sua estrutura fechada. Esta é a opção que fazemos tendo em vista o nosso direito positivo, que adota um sistema hierarquizado de normas, e por isto mesmo vamos nos referir seguidamente ao *princípio da legalidade*, tendo em vista a sua fundamentalidade, sem que com isto estejamos admitindo sua relativização.

## 6. *Os princípios como limitação do poder de tributar*

### 6.1 *O princípio da legalidade tributária*

#### 6.1.1 *Origem e significados*

A legalidade tributária no Brasil é, sem nenhuma dúvida, um direito fundamental do contribuinte. Consideramos a norma da Constituição Federal que o estabelece como *regra*, em face de sua estrutura, e como *princípio*, por força de sua fundamentalidade. Essa norma pode ser entendida em pelo menos dois distintos significados. Pode significar que a cobrança do tributo depende do consentimento dos cidadãos que o

17. Humberto Ávila, "Legalidade tributária multidimensional", in Roberto Ferraz (coord.), *Princípios e Limites da Tributação*, São Paulo, Quartier Latin, 2005, p. 291.

pagam. E pode significar que o tributo deve ser cobrado segundo regras objetivamente postas, de sorte a preservar a segurança nas relações entre o Fisco e os contribuintes.

Em suas origens mais remotas, surgiu a legalidade tributária – que neste estudo vamos, doravante, denominar de princípio – com o primeiro dos referidos significados, vale dizer, o do *consentimento*. Neste sentido, o princípio da legalidade é bastante antigo. Como demonstra Uckmar, manifestou-se inicialmente sob a forma de consentimento individual na Inglaterra, em 1096, para se transformar, pouco a pouco, em consentimento coletivo. Sua origem, todavia, é geralmente situada na Magna Carta de 1215, outorgada por João-sem-Terra, por imposição dos barões.[18]

Em face dessa compreensão do princípio da legalidade, o tributo deve ser consentido, na medida em que sua instituição é aprovada pelo povo, por seus representantes nos Parlamentos. No dizer de Cláudio Pacheco – para quem a base do princípio da legalidade reside no art. 14 da "revolucionária Declaração Francesa dos Direitos do Homem e do Cidadão –, "a obrigação tributária está ligada ao princípio da representação política". As imposições tributárias deverão estar autorizadas em lei, mas a lei é obra do Poder Legislativo, cujo órgão é mais frequentemente e mais desejavelmente um corpo coletivo de base eletiva e de caráter representativo, autorizando a presunção de que são os contribuintes que, indiretamente, consentem essas imposições". Sustentando este seu ponto de vista, Cláudio Pacheco assevera que:

> (...) essa base consensual do tributo foi uma das aspirações coletivas sustentadas em árduas lutas contra o Absolutismo monárquico, que se exercia desregradamente no campo das imposições fiscais, quando ainda não era bem patente sua finalidade de interesse público e saíam a cobrá-las a ordem agentes de soberanos que precisavam de recursos para seus confortos, seus luxos, suas ostentações, para a realização de seus interesses dinásticos e para as suas guerras de pendor pessoal ou de conquista.[19]

Alberto Xavier, fugindo à abordagem do tema das origens históricas do princípio da legalidade, assevera que este "surgiu ligado à ideia de que os impostos só podem ser criados através das Assembleias repre-

18. Cf. Victor Uckmar, *Os Princípios Comuns de Direito Constitucional Tributário*, São Paulo, Ed. RT, 1976, pp. 9-20.

19. Cláudio Pacheco, *Tratado das Constituições Brasileiras*, vol. III, Rio de Janeiro, Freitas Bastos, 1965, p. 393.

sentativas e, portanto, à ideia de sacrifício coletivamente consentido, ou seja, à autotributação".[20]

Com o segundo dos mencionados significados, o princípio da legalidade é uma forma de preservação da segurança. Ainda quando a lei não represente a vontade do povo, e por isto não se possa afirmar que o tributo é *consentido*, por ter sido instituído em lei, ainda assim tem-se que o "ser instituído em lei" garante maior grau de segurança nas relações jurídicas.

Adotado o princípio da legalidade, pode-se asseverar, pelo menos, que a relação de tributação não é uma relação *simplesmente de poder*, mas uma relação *jurídica*. Isto, evidentemente, não basta, mas é alguma coisa. Evita surpresas na relação de tributação. Não garante que o tributo seja *consentido*, mas preserva de algum modo a segurança, que é própria da relação jurídica. Enquanto uma relação simplesmente de poder nasce, desenvolve-se e se extingue sem qualquer previsão normativa, a relação jurídica nasce, desenvolve-se e se extingue nos termos de previsões normativas.

É certo que as limitações normativas constituem limites do *dever-ser*. Por isto mesmo às vezes não são respeitadas; mas isto não retira o caráter jurídico da relação. Pelo contrário, a não observância da norma que disciplina a relação ressalta o caráter jurídico desta, na medida em que faz presente a possibilidade de sanção. A relação é *jurídica* precisamente porque os atos nela envolvidos *devem ser* praticados com observância das normas que a regulam.

O princípio da legalidade, todavia, tem sido entendido de forma bem mais ampla. Não quer dizer apenas que a relação de tributação é *jurídica*. Quer dizer que essa relação, no que tem de essencial, há de ser regulada em *lei*. Não em qualquer *norma* jurídica, mas em lei, no seu sentido específico – o que confere à relação de tributação a garantia de que não será alterada por qualquer norma inferior à lei na escala hierárquica do sistema jurídico.

### 6.1.2 *Significado da palavra "lei"*

Como as palavras em geral, a palavra "lei" tem diversos significados. Mesmo no campo da Ciência do Direito tal palavra é plurissignificativa. Há quem sustente, por exemplo, ser lei a *norma de conduta social*

20. Alberto Xavier, *Os Princípios da Legalidade e da Tipicidade da Tributação*, São Paulo, Ed. RT, 1978, p. 7.

*obrigatória* – definição demasiadamente genérica e, por isto mesmo, absolutamente insuficiente.

A doutrina jurídica se refere a lei em sentido *formal* e em sentido *material*. Em sentido *formal*, ou orgânico, *lei é o ato jurídico produzido pelo órgão estatal competente para exercer a função legislativa, com observância do processo para tanto estabelecido pela Constituição.*[21] Lei em sentido *material* é a norma jurídica. É o ato jurídico de caráter *hipotético*, simples previsão, ou modelo de conduta, que a doutrina tradicional afirma ser dotado de *abstratividade* e *generalidade*. Assim, uma *lei*, como tal produzida pelo órgão estatal competente para exercer a função legislativa, com observância do processo constitucionalmente estabelecido para esse fim, que simplesmente autorize o chefe do Poder Executivo a criar uma empresa pública, por exemplo, ou conceda aposentadoria a determinada pessoa é lei em sentido *formal*, mas não é lei em sentido *material*. No ordenamento jurídico existem inúmeras prescrições que, não obstante tenham a forma de lei, têm conteúdo de ato administrativo.

Por isto se diz que a lei, mesmo no âmbito da doutrina jurídica, tem um sentido *amplo* e outro *restrito*. Assim, há muito tempo temos ensinado:

> (...). Lei, em sentido amplo, é qualquer ato jurídico que se compreenda no conceito de lei em sentido formal ou em sentido material. Basta que seja lei *formalmente*, ou *materialmente*, para ser lei em sentido amplo. Já, em sentido restrito só é lei aquela que o seja tanto em sentido formal como em sentido material.[22]

Não é razoável entendermos que na regra da Constituição Federal segundo a qual somente a lei pode criar tributo a palavra "lei" esteja empregada em sentido amplo. A rigor, a segurança jurídica – absolutamente necessária ao funcionamento de uma ordem econômica fundada na valorização do trabalho humano e na livre iniciativa – estaria comprometida se entendêssemos, naquela regra, a palavra "lei" em sentido amplo.[23]

É da maior importância, portanto, entendermos que no enunciado do princípio da legalidade a palavra "lei" é empregada em sentido restrito, além de que na realização desse princípio a lei não pode uti-

---

21. Hugo de Brito Machado, *O Conceito de Tributo no Direito Brasileiro*, Rio de Janeiro, Forense, 1987, p. 68.

22. Hugo de Brito Machado, *Curso de Direito Tributário*, 34ª ed., São Paulo, Malheiros Editores, 2013, p. 79.

23. CF de 1988, art. 170.

lizar enunciados vagos para indicar o tributo devido, devendo fazê-lo mediante a utilização de verdadeiros tipos. Aliás, por isto mesmo a doutrina se reporta ao princípio da tipicidade, que, a rigor, nada mais é que um desdobramento do princípio da legalidade, como adiante será explicado.

O princípio da legalidade tributária, para ser uma garantia efetiva dos direitos fundamentais do contribuinte, exige que a palavra "lei", em seu enunciado, seja entendida em seu sentido restrito e que se considere nele implícita a exigência de tipicidade.

### 6.1.3 *Exigência de lei em sentido restrito*

Quando a Constituição determina que é vedado à União, aos Estados, ao Distrito Federal e aos Municípios "exigir ou aumentar tributo sem lei que o estabeleça", a palavra "lei" está aí empregada em sentido restrito. Há de ser *lei* tanto em sentido *formal* como em sentido *material*. Em sentido *formal*, pelas razões já apontadas. Em sentido *material*, como decorrência do princípio da isonomia jurídica, estereotipado na Constituição.

Neste contexto, a palavra "lei" abrange tanto a *ordinária* como a *complementar.* Essas duas espécies de leis são, ambas, *leis em sentido restrito.* Distinguem-se uma da outra pelo procedimento adotado na respectiva elaboração pelo Congresso Nacional. Além disto, a Constituição estabelece para certos casos a necessidade de lei complementar. Assim na criação de tributos pela União, no uso da chamada competência tributária residual, como na criação de empréstimos compulsórios, por exemplo, o instrumento há de ser a lei *complementar*, e não a *ordinária*, em face de exigência expressa dos arts. 154, I, e 148, respectivamente, da CF.

Ressalte-se que a lei complementar se qualifica como tal, isto é, ganha sua identidade específica, em razão do procedimento adotado pelo Congresso Nacional em sua elaboração. Registramos, porém, o fato de que o STF já firmou entendimento em sentido diverso, entendendo ser necessário à caracterização da lei complementar também o seu conteúdo. Só será lei complementar aquela que verse matéria reservada constitucionalmente a essa espécie de lei. Com tal entendimento, *data venia*, a Corte Maior incrementou a insegurança jurídica, na medida em que deixou a caracterização da lei complementar a depender da determinação – geralmente problemática – dos limites do alcance de cada dispositivo da Constituição definidor dessa reserva de competência.

### 6.1.4 *As medidas provisórias*

Questão importante reside em saber se a palavra "lei", no contexto do princípio da legalidade tributária, abrange as medidas provisórias *com força de lei*, que, nos termos do art. 62 da vigente CF, o Presidente da República está autorizado a editar. Muitos sustentaram resposta negativa; a palavra "lei" não abrangeria as medidas provisórias. Mesmo antes da Emenda Constitucional 32, de 11.9.2001, respondemos a dita questão afirmativamente, por entendermos que a medida provisória com força de lei pode tudo que a lei pode. A não ser assim, na verdade não terá força de lei.[24] Apenas para os casos expressamente estabelecidos pela Constituição é que não são admitidas as medidas provisórias. Com a Emenda Constitucional 32/2001 tal questão deixou de existir. As medidas provisórias podem, sim, instituir e aumentar tributos, mas, a rigor, apenas implicam caminho para a obtenção, pelo Poder Executivo, da manifestação do Congresso Nacional, pois a correspondente aplicação só é possível depois de convertidas em lei.

Com a nova redação e o acréscimo de §§ ao art. 62 da CF as medidas provisórias, na verdade, ganharam novo regime jurídico. Ficou expresso o rol dos casos para os quais não se admite medida provisória e ficou dito expressamente, também, que apenas uma prorrogação é admitida.

Em matéria tributária a principal novidade consiste na regra albergada pelo § 2º do art. 62, segundo a qual a medida provisória que implique instituição ou majoração de impostos, exceto os previstos no art. 153, I, II, IV e V, e no art. 154, II, só produzirá efeitos no exercício financeiro seguinte se houver sido convertida em lei até o último dia daquele em que foi editada.

### 6.1.5 *O requisito da tipicidade*

Para que o princípio da legalidade tributária alcance sua finalidade, como instrumento protetor da segurança jurídica, exige-se o requisito da tipicidade. Embora saibamos da existência de concepções diversas a esse respeito, a tipicidade é requisito a ser atendido na realização do princípio da legalidade. Estamos de pleno acordo com Alberto Xavier quando assinala:

---

24. Hugo de Brito Machado, *Curso de Direito Tributário*, 19ª ed., São Paulo, Malheiros Editores, 2001, p. 70 (v. 34ª ed., cit., pp. 84-86).

> O princípio da tipicidade não é, ao contrário do que já uns sustentaram, um princípio autônomo do da legalidade; antes *é a expressão mesma deste princípio quando se manifesta na forma de uma reserva absoluta de lei*, ou seja, sempre que se encontra construído por estritas considerações de segurança jurídica.
>
> A técnica da tipicidade é, porém, a mais adequada à plena compreensão do próprio conteúdo da reserva absoluta e, portanto, dos limites que a lei impõe à vontade dos órgãos de aplicação do Direito em matéria tributária. É precisamente pela análise da origem normativa dos tipos, do objeto da tipificação e dos caracteres da tipologia tributária que resulta com nitidez o alcance da regra *nullum tributum sine lege* e que se poderá traçar com rigor o âmbito das matérias que, pelo princípio da legalidade, estão reservadas à lei e as que, eventualmente, estejam confiadas à vontade dos seus órgãos de aplicação.[25]

Realmente, o princípio da legalidade, uma das maiores conquistas da Civilização contra o arbítrio dos governantes, tanto em matéria penal como em matéria tributária, pouco significaria sem a exigência de *tipicidade*. Da mesma forma que não se pode admitir tipo penal inteiramente aberto, não se pode admitir tributo sem definição legal do tipo sobre o qual incide a lei tributária.

Legalidade sem tipicidade é absolutamente insuficiente. Em matéria penal esta é uma afirmação relativamente tranquila. É imprescindível a tipicidade como garantia contra o arbítrio estatal. Neste sentido é a lição de Fontán Balestra:

> Para que se cumpla totalmente la finalidad protectora, debe inspirar la ley penal un criterio definido de *autolimitación* de la potestad punitiva del Estado, que asegure el respeto por las garantías individuales, indispensable en los Estados de Derecho. Esa misión de garantía no llega a cumplirse con la inclusión en los códigos de figuras penales por las que se sancionan las conductas que amenazan, ponen en peligro o lesionan los bienes jurídicos, sino *asegurando la discontinuidad de las ilicitudes previstas por la ley*. Es, pues, en el aspecto *negativo*, en los silencios de la ley, donde reside esa protección. En otras palabras, la ley penal ha de ser redactada "acuñando los delitos en tipos" y limitando la intervención penal del Estado a la realización de las acciones previstas en ellos.
>
> Las figuras penales tutelan los bienes jurídicos, bajo amenaza de sanción, y los silencios de la ley garantizan la ausencia de significación penal en los hechos no previstos. De ese modo, el Estado advierte la existencia de la amenaza penal para determinados hechos, e asegura

---

25. Alberto Xavier, *Os Princípios da Legalidade e da Tipicidade da Tributação*, cit., pp. 69-70.

la materialización de esa amenaza solamente para esos hechos claramente precisados en la ley.[26]

Esta lição dos penalistas é inteiramente aplicável ao direito tributário. Sem o requisito da tipicidade, a dizer que a hipótese de incidência tributária deve ser definida em lei de forma específica e objetiva, de nada valeria a exigência da legalidade. E, na verdade, o princípio da legalidade, tanto no direito penal como no direito tributário, chega, mesmo, a se confundir com a própria juridicidade. O que não está na lei não é jurídico. Nas palavras de Arnaldo Vasconcelos:

> Em matéria de tributo, portanto, repete-se o fenômeno da redução da juridicidade ao campo da legalidade. Todo o direito tributário está na lei. Nada obstante a analogia, os princípios gerais de direito tributário, os princípios gerais de direito público e a equidade constituírem meios de integração do direito tributário, o emprego de nenhum deles poderá resultar na exigência de tributo não previsto em lei (Código Tributário, arts. 107-110). Confirma-se e se fortalece a hegemonia do princípio da legalidade.[27]

Assim, sendo jurídico somente o que está na lei, evidentemente não se pode admitir que o poder de tributar alcance atos ou fatos que não estejam descritos na lei.

### 6.1.6 *Exceções ao princípio da legalidade*

As exceções ao princípio da legalidade são somente aquelas previstas na própria Constituição Federal.[28] O legislador ordinário não pode estabelecer exceções a um princípio jurídico com sede constitucional, pela razão óbvia de que permitir que o fizesse seria permitir que alterasse a Constituição.

Quanto à instituição de tributos, o princípio da legalidade não admite exceção. Só a lei pode instituir tributo. As exceções, que são somente aquelas estabelecidas pela própria Constituição, dizem respeito apenas a aumentos de alíquotas. Assim, é facultado ao Poder Executivo, atendidos as condições e os limites estabelecidos em lei, alterar as alíquotas de

---

26. Carlos Fontán Balestra, *Tratado de Derecho Penal*, 2ª ed., t. I, Buenos Aires, Abeledo-Perrot, 1995, pp. 46-47.

27. Arnaldo Vasconcelos, *Teoria da Norma Jurídica*, 6ª ed., São Paulo, Malheiros Editores, 2006, p. 35.

28. Bernardo Ribeiro de Moraes, *Compêndio de Direito Tributário*, Rio de Janeiro, Forense, 1984, p. 399.

alguns impostos, ditos flexíveis, aos quais se atribui função extrafiscal. São eles: o imposto de importação, o imposto de exportação, o imposto sobre produtos industrializados/IPI e o imposto sobre operações de crédito, câmbio e seguros ou relativas a títulos e valores mobiliários/IOF – impostos da competência da União, nos termos do art. 153, I, II, IV e V, da CF, respectivamente. Tais impostos são flexíveis para que possam realizar a função a eles atribuída, dita função extrafiscal.

### 6.1.7 *Função extrafiscal*

Os tributos em geral têm a função de carrear recursos financeiros para os cofres públicos. Esta é a função fiscal, ou função arrecadatória. Alguns tributos, no entanto, podem ter a função de interferir na atividade econômica. É a *função extrafiscal*. E em certos casos a interferência na Economia pode ser urgente, como acontece com uma restrição à importação de bens, por exemplo. Assim, para que o Governo possa realizar com urgência a intervenção na Economia utilizando o imposto, a Constituição Federal autoriza que o faça por ato do Poder Executivo.

Note-se que a faculdade atribuída pela Constituição ao Poder Executivo para alterar as alíquotas de impostos deve ser exercida dentro das condições e dos limites estabelecidos em lei. Em outras palavras: essa faculdade é conferida ao Poder Executivo tão somente para que este possa adotar a tempo providências necessárias a que o imposto atue na Economia com a função que lhe é própria – a denominada *função extrafiscal* ou função de intervenção estatal na Economia.

Pode parecer que a faculdade atribuída ao Poder Executivo para alterar as alíquotas de certos impostos converte a cobrança destes em atividade discricionária. Na verdade, porém, não é assim. A faculdade atribuída ao Poder Executivo de alterar as alíquotas de certos impostos não consubstancia poder discricionário. O ato pelo qual é exercitada é plenamente vinculado, pois deve ser praticado "atendidas as condições e os limites estabelecidos em lei".[29] Primeiro é preciso que a lei estabeleça as condições que ensejam modificação de alíquotas e determine os limites dentro dos quais essa alteração é admitida. Sem lei o Poder Executivo não poderá exercer a faculdade em referência.

As condições devem ser estabelecidas em lei, de forma objetiva e específica. Inadmissível é a indicação de condições genéricas, excessivamente abrangentes, porque isto levaria a configurar-se a atividade

29. CF de 1988, art. 153, § 1º.

de tributação como atividade discricionária, o que não se pode admitir. Infelizmente, na prática isto acontece.

Realmente, a Lei 3.244, de 14.8.1957, atribui competência à Comissão de Política Aduaneira para alterar as alíquotas do imposto de importação. Estabelece as hipóteses nas quais se admite essa alteração. A primeira dessas hipóteses diz respeito à mercadoria "cujo nível tarifário venha a se revelar insuficiente ao adequado cumprimento dos objetivos da tarifa aduaneira" (arts 3º e 22). Não obstante as demais hipóteses serem razoavelmente definidas, esta, como se vê, é de tal generalidade e abrangência, que termina por conferir à Administração Tributária certo poder discricionário, incompatível com o próprio conceito jurídico de tributo.

Condição estabelecida de modo tão genérico, como a indicada há pouco, enseja qualquer alteração de alíquota do imposto de importação. Dirá, como tem dito, a Administração Tributária que a alteração de alíquotas se faz "a fim de assegurar o adequado cumprimento dos objetivos da Tarifa Aduaneira do Brasil".[30] E, sendo assim, a cobrança do tributo estará sendo feita mediante atividade discricionária, o que não se pode admitir sem arranhões ao sistema jurídico, no qual a tributação se rege pelo princípio da legalidade e a cobrança do tributo é "atividade administrativa plenamente vinculada".[31]

A atividade vinculada não se distingue da atividade discricionária por ser desenvolvida em estrita obediência à lei, como muitos asseveram. Também a atividade discricionária deve ser desenvolvida com estrita obediência à lei. A verdadeira distinção reside na lei, e não na atividade. A lei é que confere à autoridade administrativa o poder de agir com certa liberdade para escolher a conveniência, a oportunidade ou o modo de proceder, e neste caso confere poder discricionário; ou, então, dispõe desde logo que a atividade deve ser desenvolvida em tal oportunidade, em face de tais fatos e de tal forma – caso em que confere à autoridade administrativa poder vinculado. Em qualquer desses casos a atividade deve ser desenvolvida em estrita obediência à lei. A lei é que atribui, ou não, à autoridade administrativa a liberdade a ser utilizada no desempenho da atividade discricionária.

Em matéria tributária – repita-se – a lei não pode atribuir à autoridade administrativa essa liberdade, porquanto sua ausência é elementar no conceito de tributo. Não se admite qualquer discricionarismo, especial-

---

30. Portaria 938/1991, *DOU* 9.10.1991.

31. CTN, art. 3º.

mente no que diz respeito à determinação do valor a ser cobrado. O valor do tributo há de ser determinado, em regra, com os elementos definidos em lei. A faculdade conferida ao Executivo para a alteração de alíquotas é excepcional. Cuida-se – como observa Hamilton Dias de Sousa – de exceção aberta pela Constituição, pois a fixação de alíquotas "é matéria sob reserva de lei".[32]

No exercício dessa faculdade excepcional o Poder Executivo não pode agir discricionariamente. A lei que atribua à autoridade administrativa poder discricionário será inconstitucional. "Na arrecadação do tributo" – como assevera Dejalma de Campos – "não se admite ato discricionário, pois ele deve ser exigido nos termos exatos da lei fiscal. Não compete à autoridade administrativa analisar se e quando é conveniente a cobrança do tributo. A lei fiscal é que é determinante".[33]

## 7. *Inadmissibilidade da tributação por analogia*

O Código Tributário Nacional admite que na ausência de disposição expressa – ou, em linguagem que nos parece mais adequada, na ausência de disposição legal específica[34] – a autoridade competente para aplicar a legislação tributária pode utilizar os meios de integração, entre os quais a analogia.[35] Entretanto, o Código Tributário Nacional estabelece expressamente que:

> Art. 108. (...).
>
> § 1º. O emprego da analogia não poderá resultar na exigência de tributo não previsto em lei.

Na verdade, a vedação da cobrança de tributo por analogia decorre do princípio da legalidade. Está implícita nesse princípio constitucional. E o Código Tributário Nacional, com o dispositivo acima transcrito, afastou qualquer dúvida, tornando explícita essa vedação.

---

32. Hamilton Dias de Sousa, *Estrutura do Imposto de Importação no Código Tributário Nacional*, São Paulo, Resenha Tributária, 1980, p. 89.

33. Dejalma de Campos, "Dimensão jurídica do tributo", in Agostinho Toffoli Tavolaro, Brandão Machado e Ives Gandra da Silva Martins (orgs.), *Princípios Tributários no Direito Brasileiro e Comparado – Estudos em Homenagem a Gilberto de Ulhoa Canto*, Rio de Janeiro, Forense, 1988, pp. 185-186.

34. V. o que a propósito escrevemos em nosso livro *Comentários ao Código Tributário Nacional*, 2ª ed., vol. II, São Paulo, Atlas, 2008, pp. 187-188.

35. CTN, art. 108.

Conforme explicamos no item precedente, os que sustentam que o princípio da legalidade tributária não assegura ao contribuinte o direito ao planejamento tributário – como é o caso de Marco Aurélio Greco – confundem os significados de *princípio* e de *regra*, e por isto mesmo sustentam que, sendo a legalidade um princípio, impõe-se sua ponderação com o princípio da capacidade contributiva.

Ocorre que em nosso ordenamento jurídico a legalidade tributária só pode ser considerada um princípio se para distinguirmos os princípios das regras adotarmos o critério da fundamentalidade. E ninguém pode seriamente negar que é fundamental a exigência constitucional de legalidade da tributação. O tributo só pode ser criado ou aumentado por lei. Entretanto, se na distinção entre princípio e regra adotarmos o critério da estrutura da norma, teremos de concluir que a legalidade tributária é uma regra, que, por isto mesmo, não admite ponderação.

Na verdade, temos um princípio, por se tratar de algo fundamental. Sem a legalidade tributária seria impraticável o exercício da atividade econômica por empresas privadas em nosso País. E temos uma regra definidora da legalidade exatamente para afastar definitivamente a pretensão de ponderação, afastando-se desde logo teses como a do professor Marco Aurélio Greco, extremamente perigosa para o contribuinte.

## 8. *Evitar o planejamento é atribuição do legislador*

### 8.1 *A definição da hipótese de incidência tributária*

Em nosso ordenamento jurídico a definição da hipótese de incidência tributária é formulada, sempre, em uma regra jurídica. Assim sendo, se a regra de tributação, ou regra definidora da hipótese de incidência tributária, não alcança o fato que seria revelador de capacidade contributiva, e está situado no âmbito constitucional do tributo, cabe ao legislador elaborar nova regra que seja capaz de alcançá-lo. Só assim estará sendo observada a regra, albergada pelo art. 150, I, da vigente CF.

Não podemos esquecer que o ordenamento jurídico é organizado em patamares hierarquizados, configurando um sistema de normas, e que a regra que impõe a legalidade da tributação está no ápice desse sistema.

### 8.2 *Regras destinadas a evitar o planejamento tributário*

No ordenamento jurídico brasileiro existem regras que foram elaboradas com a finalidade específica de evitar o planejamento tributário.

Regras das quais vamos citar um exemplo clássico na legislação do imposto sobre renda e proventos de qualquer natureza. Como se tornou uma prática comum a incorporação de empresas que tinham prejuízos contabilizados, para que a empresa incorporadora deduzisse da base de cálculo do seu imposto de renda aqueles prejuízos, foi introduzida na legislação regra proibindo aquela dedução. Mas em face dessa nova regra passaram algumas empresas a fazer o que se denominou "incorporação às avessas". A incorporadora era a empresa com prejuízo, que passava a exercer a atividade da empresa incorporada, esta com lucro, do qual era naturalmente deduzido o prejuízo da incorporadora.

Colocada de lado a questão de saber da validade, ou não, dessas limitações, certo é que nelas se tem formas de evitar a prática de planejamento tributário. Evitar com a edição de regra jurídica específica. Não com a desconsideração pura e simples de atos ou negócios jurídicos.

Na verdade, não temos dúvida de que evitar o planejamento tributário é atribuição do legislador. E até podemos afirmar que as definições de hipótese de incidência em geral são, atualmente, dotadas do propósito de afastar o planejamento tributário. Por isto mesmo temos imposto sobre circulação de mercadorias, e não um imposto cujo fato gerador seja a compra e venda mercantil. Temos imposto sobre transmissão de bens imóveis, e não imposto sobre compra e venda de imóveis – e assim por diante.

Aliás, devemos destacar que mesmo antes de o legislador adotar, na definição das hipóteses de incidência tributária, referência a fatos econômicos, em vez de referência a fatos jurídicos, já vigorava pacificamente o entendimento de que os fatos descritos na regra definidora da hipótese de incidência tributária deveriam ser entendidos como fatos em seu sentido econômico. É o que ocorria com a expressão "vendas e consignações", que sempre foi entendida como operação relativa à remessa de mercadorias de um para outro estabelecimento empresarial.

Coloca-se, então, a questão de saber qual é o sentido da denominada *norma geral antielisão*, introduzida no Código Tributário Nacional. Este é o assunto que vamos estudar no Capítulo V.

## *Capítulo IV*
# *PLANEJAMENTO E ILÍCITO TRIBUTÁRIO*



## *1. Introdução*

É sempre oportuna a lição de Bielsa, já por nós invocada no primeiro capítulo deste livro, segundo a qual toda a atenção para o vocabulário jurídico que contribua para o esclarecimento dos conceitos deve ser considerada útil de alguma forma, pois:

> (...). Si hay una disciplina en la cual conviene emplear la palabra adecuada o propia, ella es la del Derecho. Tanto en el orden legislativo como en el judicial – y no digamos en el administrativo – esta precaución es indispensable aunque sólo sea para evitar controversias o discusiones que surgen precisamente de la confusión y duda sobre un término.[1]

Aqui, ao estudarmos o planejamento e o ilícito tributário, portanto, exigem especial atenção os significados das expressões "planejamento

1. Rafael Bielsa, *Los Conceptos Jurídicos y su Terminología*, 3ª ed., Buenos Aires, Depalma, 1987, p. 9.

tributário" e "ilícito". E, ainda, o significado da palavra "fraude", como uma espécie que é de *ilícito*.

Já estudamos, no Capítulo II, os conceitos geralmente utilizados em textos que tratam do planejamento tributário. Entre estes, o de "fraude" e o de "planejamento tributário", além de examinarmos a questão da fronteira entre o lícito e o ilícito. Ocorre que estes conceitos são de tamanha importância que não podemos nos furtar ao dever de, aqui, voltar ao exame do significado da expressão "planejamento tributário" e das palavras "ilícito" e "fraude". Temos de fazê-lo especialmente para tentar afastar equívocos que decorrem de atribuição de significado indevido a tais palavras – inclusive, infelizmente, pelo legislador, que definiu fraude de modo inteiramente equivocado.

Começaremos procurando demonstrar que a motivação exclusivamente tributária não torna o ato ilícito. Para tanto, vamos explicar o equívoco de eminente doutrinador que construiu sua tese no sentido de que os atos e negócios jurídicos que compõem o planejamento tributário, para serem válidos, devem ter motivo extratributário.

Depois estudaremos o motivo tributário e o abuso de direito como forma de ilicitude. Em seguida cuidaremos da questão do planejamento tributário no contexto dos crimes contra a ordem tributária, procurando demonstrar que a fraude é um elemento essencial na configuração do crime.

Finalmente, vamos demonstrar a importância da distinção, que devemos ter sempre presente, entre o fato e seu significado jurídico. Distinção que é da maior importância para que possamos ter um adequado entendimento do que é fraude como espécie de ilícito.

## 2. *O motivo exclusivamente tributário*

### 2.1 *Propósito negocial*

Entende-se por "propósito negocial" o que os americanos chamam *business purpose* – expressão com a qual designam o propósito ou motivação que ordinariamente está presente, porque enseja a atividade empresarial. É o propósito ligado aos objetivos visados pela empresa, ou de algum modo ligados à sua atuação no mercado.

Assim, os atos ou negócios jurídicos praticados pelas empresas em geral teriam de estar ligados às suas finalidades, à sua atuação no mercado. A ausência dessa ligação poderia ser acolhida pela autoridade da Administração Tributária como motivo para desconsiderar o ato ou negócio jurídico do qual resultasse a exclusão ou a redução de um tributo ou a postergação do prazo para seu pagamento.

As empresas teriam de desenvolver suas atividades sem qualquer influência dos tributos sobre suas decisões. Não poderiam optar por um negócio jurídico em vez de outro para evitar, reduzir ou postergar um tributo.

### 2.2 *Propósito exclusivamente tributário*

Ocorre que o propósito exclusivamente tributário de evitar, reduzir ou postergar um tributo coincide com o objetivo essencial de toda e qualquer empresa, que é o de obter lucro. Não é razoável, portanto, entender que na escolha da forma de exercer suas atividades a empresa desconsidere o ônus da tributação.

A nosso ver, portanto, pode a empresa escolher determinada forma jurídica para a prática de seus atos ou negócios tendo propósito exclusivamente tributário. Isto não torna ilícitos os seus atos, que, assim, não podem ser desconsiderados pela autoridade da Administração Tributária. A empresa pode, sim, fazer seu planejamento tributário, como tal entendido o planejamento de suas atividades econômicas, com propósito exclusivamente tributário – vale dizer: tendo como motivo a eliminação, a redução ou a postergação dos tributos.

### 2.3 *Propósito extratributário*

Não nos parece razoável, *data maxima venia*, a tese segundo a qual a validade do planejamento tributário não depende do denominado propósito negocial, mas depende da presença de um propósito *extratributário*, vale dizer, um propósito qualquer, como o equacionamento dos interesses da família ou, mesmo, o propósito de superar eventual conflito entre os sócios, integrantes da pessoa jurídica, mas propósito necessariamente alheio à questão do ônus tributário.

Esse propósito extratributário seria uma forma de descaracterizar o abuso de direito que existiria em face do propósito exclusivamente tributário. Repita-se, todavia, que, em nosso entendimento, o motivo exclusivamente tributário não caracteriza abuso de direito, como a seguir vamos demonstrar.

## 3. *Motivo exclusivamente tributário e abuso de direito*

### 3.1 *Distinção entre* propósito negocial *e* motivo extratributário

É da maior importância a distinção, que devemos ter presente, entre a exigência de propósito negocial, ou *business purpose*, e a exigência de um motivo *extratributário*, no sentido de motivo que não seja exclusivamente o de exclusão ou redução do ônus tributário. Essa distinção é apontada por Marco Aurélio Greco, que, depois de sustentar que para evitar a caracterização do abuso é preciso existir um motivo extraordinário, escreve:

> Aqui cumpre fazer um desdobramento dessa ideia, pois quando menciono "motivo extratributário" às vezes isto gera confusão em quem lê meus textos. Não estou dizendo que precisa haver *business purpose* (conceito que advém da experiência americana e que se vincula à ideia de empreendimento); não estou dizendo que o único motivo que afasta o abuso é o propósito ligado à atividade econômica desenvolvida ou à sua repercussão no mercado; estou dizendo que o motivo que afasta o abuso é o extraordinário, vale dizer, pode ser uma razão familiar, política, de mudança do regime jurídico das importações, de alteração do quadro referencial em que se posicionava a atividade da empresa.[2]

Realmente, a presença de um motivo ou propósito estranho à questão tributária – vale dizer, um propósito extratributário – não se confunde com o denominado propósito negocial. Marco Aurélio Greco, como se vê de sua lição acima transcrita, entende que para a desconsideração do ato ou negócio jurídico pela Administração Tributária é preciso que tenha este sido praticado com o propósito exclusivo de evitar ou reduzir o tributo, o que não ocorrerá se o contribuinte tiver praticado o ato ou negócio jurídico por outra razão qualquer, como a solução de um conflito familiar ou entre sócios levados por interesses pessoais, por exemplo.

Em síntese, a distinção entre propósito negocial ou *business purpose* e motivo extratributário é simples. O primeiro é a presença de um propósito inerente à atividade empresarial. O segundo é a presença de um propósito qualquer, mesmo alheio à atividade empresarial, mas que seja diverso daquele propósito de eliminar ou reduzir um tributo.

### 3.2 *Motivo tributário e abuso de direito*

O motivo tributário – vale dizer, a exclusão ou redução do tributo como motivo ou razão para a prática de determinado ato ou negócio jurídico –, por si só, não pode ser considerado abuso de direito. Mesmo tratando-se de atos ou de negócios jurídicos semelhantes e que produzem

2. Marco Aurélio Greco, *Planejamento Tributário*, São Paulo, Dialética, 2004, p. 210.

o mesmo efeito econômico, a escolha de um em vez do outro com o objetivo de reduzir o ônus tributário é conduta legítima do contribuinte, e o Fisco não pode desconsiderar o ato ou negócio efetivamente praticado, para exigir o tributo que seria devido se em vez deste tivesse sido praticado o ato ou negócio jurídico que a lei onera com o tributo.

Realmente, o propósito de praticar uma atividade econômica com o menor custo possível, inclusive tributário, é indiscutivelmente legítimo. Não é ilícito, nem imoral, como ensinou, com inteira propriedade, Alfredo Augusto Becker, ao escrever:

> Mesmo que se aceitasse a tese de Jean Dabin (segundo a qual o juiz ou a autoridade incumbida do lançamento poderia abstrair a realidade jurídica em virtude do uso imoral do direito), ainda assim não seria possível condenar a evasão (elusão ou evasão fiscal), pois esta, com muita agudeza advertiu Albert Hensel, não é utilização imoral do direito. Considerar uso imoral do direito o fazer (ou o não fazer) determinados atos e contratos jurídicos mediante os quais se processa a evasão (elusão ou evasão legal) significaria desconhecer a mais justa e naturalíssima aspiração ligada à vida econômica, qual seja, a de se procurar determinado resultado econômico com a maior economia, isto é, com a menor despesa (e os tributos que incidirão sobre os atos e fatos são parcelas que integrarão a despesa), e não há regra moral que proíba ao indivíduo a ordenação de seus negócios pelo modo menos oneroso.[3]

Ressalte-se que Alfredo Augusto Becker, ao produzir a lição acima transcrita, já havia escrito:

> É muito interessante notar-se que a evasão (elusão ou evasão fiscal) pode ser até *intencionalmente desejada pelo legislador*, nos casos de tributação extrafiscal, por exemplo, no tributo extrafiscal "proibitivo". Ora, a existência da *tributação extrafiscal pressupõe, logicamente, a liceidade da evasão fiscal*, pois caso contrário o indivíduo não poderia licitamente praticar ou deixar de praticar aqueles atos, cuja ação ou omissão é justamente a finalidade da tributação extrafiscal.
>
> Aqueles que negam a liceidade da evasão fiscal e, na sua ocorrência, recomendam a abstração da estrutura jurídica (a realidade jurídica) e a aceitação apenas da realidade econômica, introduzem, empiricamente, no direito tributário a *teoria do abuso de direito* e todas as confusões e erros jurídicos que ela costuma gerar.[4]

---

3. Alfredo Augusto Becker, *Teoria Geral do Direito Tributário*, São Paulo, Saraiva, 1963, pp. 135-136.

4. Idem, pp. 125-126.

### 3.3 *A amplitude do conceito de ilícito*

*Ilícito* é um conceito amplo, no qual se incluem a fraude (ocultação ou alteração do elemento factual) e o erro de direito, que abrange apenas as situações nas quais a lei não foi obedecida pelo contribuinte porque por ele interpretada de modo equivocado. O erro de direito, embora seja comportamento ilícito no sentido amplo, não configura fraude, que é uma forma de ilícito na qual ocorre a ocultação ou deturpação de fatos.

Em outras palavras: o erro de direito, embora seja um ilícito, não configura crime contra a ordem tributária exatamente porque não decorre de dolo – elemento, este, indispensável à configuração da fraude e do abuso de direito.

### 3.4 *O abuso de direito*

Realmente, o abuso de direito é comportamento ilícito que envolve o dolo, vale dizer, o propósito de agir contrariamente ao Direito. É um ilícito, e está como tal definido pelo Código Civil de 2002, que estabelece:

> Art. 187. Também comete ato ilícito o titular de um direito que, ao exercê-lo, excede manifestamente os limites impostos pelo seu fim econômico ou social, pela boa-fé ou pelos bons costumes.

A propósito do assunto, veja-se a doutrina de Marco Aurélio Greco:

> O Código Civil de 2002 traz também alteração no âmbito do abuso de direito. Com efeito, ao definir os atos ilícitos o Código inclui um dispositivo sobre abuso de direito como hipótese de ilicitude (art. 187).
>
> Isso implica, a partir do Código Civil, abuso de direito configurar indiscutivelmente ato ilícito, e, portanto, neste caso não estaremos mais falando de planejamento e elisão tributária; pois teremos desgarrado para a evasão. Desde a vigência do Código, abuso de direito implica evasão tributária; não é mais elisão, porque o comportamento estará apoiado em ato ilícito. E a licitude dos atos é requisito indispensável para exprimir o verdadeiro planejamento.[5]

Ocorre que a definição do abuso de direito como ilícito, na prática, não ajuda muito na determinação de quais são os atos ou negócios jurídicos que podem ser desconsiderados pela autoridade da Administração Tributária e aqueles que configuram verdadeiro planejamento tributário,

---

5. Marco Aurélio Greco, *Planejamento Tributário*, São Paulo, Dialética, 2004, p. 472.

indiscutivelmente lícito, embora praticados tais atos com o propósito exclusivo de reduzir, excluir ou postergar o ônus tributário. É que a definição de *abuso de direito* como ilícito é feita com a cautela expressa no adjetivo "manifestamente". É preciso, assim, que não haja dúvida quanto à ocorrência da ultrapassagem dos limites impostos pelo fim econômico ou social do Direito em questão, pela boa-fé ou pelos bons costumes.

Assim, mesmo considerando-se que o abuso do direito é um ilícito e que sua presença autoriza a desconsideração do ato ou negócio jurídico, resta a dificuldade de definirmos quando está caracterizado esse abuso.

Seja como for, se a configuração do abuso de direito implica qualificar o ato ou negócio jurídico como ilícito, e tendo-se em vista a existência, em nosso ordenamento jurídico, do crime de supressão ou redução de tributo, que é crime contra a ordem tributária, é importante a incursão nessa área do direito penal, para verificarmos relevante manifestação do STF, que pode ser útil para a identificação do ilícito cuja presença pode ensejar a desconsideração do ato ou negócio jurídico, vale dizer, recusar a validade de um planejamento tributário.

## *4. Planejamento e crime contra a ordem tributária*

### *4.1 Planejamento tido como ilícito tributário*

Ressalte-se desde logo que o crime contra a ordem tributária não se configura com um comportamento simplesmente ilícito em sentido amplo. Sua configuração exige a presença da fraude, que é elemento essencial do tipo.[6]

Assim, é da maior importância a distinção que se há de fazer entre o *erro de fato* e o *erro de direito*. Ou, mais exatamente, é da maior importância a distinção que havemos de fazer entre a situação na qual ocorre um erro de direito, ou erro na interpretação da lei tributária, e aquela outra situação na qual o interessado manipula os fatos ou elementos fenomênicos com o propósito de suprimir ou reduzir o ônus tributário.

### *4.2 Erro de direito não configura crime*

O erro de direito tributário, ou erro na interpretação da lei tributária, não configura crime, à míngua do elemento "fraude". Conhecemos caso

6. Hugo de Brito Machado, "A fraude como elemento essencial do tipo no crime de supressão ou redução de tributo", *Revista Dialética de Direito Tributário* 38/46-63, São Paulo, Dialética, novembro/1998.

concreto no qual o Ministério Público Federal, atuando perante o STF, requereu o arquivamento de um inquérito e teve deferido esse pedido, embora o contribuinte tivesse seu erro de direito tributário afirmado judicialmente, eis que vencido na demanda cível com a Fazenda Pública. No despacho em que deferiu o pedido de arquivamento do inquérito, o Min. José Celso de Mello Filho transcreveu a manifestação do Ministério Público, da qual podemos destacar:

> Os réus, ora pacientes, podem não ter feito enfoque juridicamente correto do cálculo do ICMS devido. Mas evidentemente não cometeram fraude contra o Fisco. Não falsificaram documentos, ainda que sejam passíveis da culpa, no âmbito puramente fiscal, de não terem dado o enfoque juridicamente correto no cálculo do tributo. Do exame detido destes autos, chego à conclusão de que o presente processo nada mais é que um subproduto da "guerra fiscal" que está grassando entre os Estados – como, aliás, a imprensa vem noticiando. Mas, ausente o elemento fraude, não há como se entender configurado o delito de sonegação fiscal.[7]

### *4.3 Planejamento tributário não configura crime*

É possível, pois, afirmarmos com inteira segurança que um planejamento tributário, ainda que não admitido pelo Fisco – vale dizer: ainda que o Fisco pretenda desconsiderar atos ou negócios jurídicos nos quais consiste –, se não envolve fraude não configura crime contra a ordem tributária.

Em outras palavras: um *planejamento tributário* pode até ser considerado ilícito pelo Fisco, que pode pretender o tributo que o contribuinte considerou indevido; mas desde que não tenha havido deformação ou ocultação de fatos não há fraude, e sem esta não se configura crime contra a ordem tributária.[8]

## ***5. O fato e seu significado jurídico***

### *5.1 Planejamento tributário e garantias constitucionais*

Não estamos estudando o planejamento tributário em um contexto doutrinário amplo, mas no contexto do direito positivo brasileiro.

---

7. A íntegra do despacho do Min. Celso de Mello encontra-se na *Revista Dialética de Direito Tributário* 1/115, São Paulo, Dialética, outubro/1995.

8. V. o que escrevemos em nosso livro *Estudos de Direito Penal Tributário*, São Paulo, Atlas, 2002, pp. 30-54.

Por isto mesmo, é da maior importância ressaltarmos a existência de garantias constitucionais que, conforme demonstramos no capítulo precedente, autorizam a afirmação de que no Brasil existe o direito ao planejamento tributário.

Realmente, insistimos em deixar claro que nossa Constituição Federal consagra o princípio da livre iniciativa econômica, em face do qual é lícita a escolha das formas de atividade econômica que ensejam maior ganho, vale dizer, atividades que podem ser desenvolvidas com menores custos e despesas – entre as quais está a tributária. E o princípio da legalidade, que veda a tributação por analogia – vedação que está, aliás, explicitada no Código Tributário Nacional.

Ao estudarmos o planejamento tributário é sempre oportuno revisitar a doutrina de Alfredo Augusto Becker, que aponta o direito ao menor custo possível e a garantia da legalidade com exclusão da tributação por analogia como fundamentos do direito ao planejamento tributário. E, na verdade, no trecho por nós transcrito no capítulo precedente, Becker afirma ser aspiração naturalíssima e intimamente ligada à vida econômica a de procurar determinado resultado econômico com o menor custo possível, com a menor despesa, inclusive a tributária, e desde que se o faça sem violar a lei. E indica também o princípio da legalidade com a vedação da tributação por analogia.

Sobre a vedação da analogia no contexto do planejamento tributário já escrevemos:

> Realmente, o Código Tributário Nacional, cuidando da interpretação e da integração da legislação tributária, coloca a analogia como um dos meios de integração, mas estabelece expressamente que "o emprego da analogia não poderá resultar na exigência de tributo não previsto em lei". [*CTN, art. 108, § 1º*] Assim, é inadmissível a invocação do princípio da capacidade contributiva como fundamento para a exigência de tributo cuja hipótese de incidência não esteja configurada, porque nada mais é do que o emprego da analogia para exigir tributo não previsto em lei.[9]

É evidente, porém, que essas garantias do contribuinte não se prestam para assegurar a este o direito a práticas fraudulentas. Coloca-se, então, a questão de saber em que consiste a fraude. E nesse contexto é da maior importância a distinção – que devemos ter sempre presente – entre o fato e seu significado jurídico. Distinção que é indispensável para que

9. Hugo de Brito Machado, *Direitos Fundamentais do Contribuinte e a Efetividade da Jurisdição*, São Paulo, Atlas, 2009, p. 55.

possamos ter um adequado entendimento do que é *fraude* como espécie de ilícito.

## *5.2 Distinção entre* fato *e* fato jurídico

Em muitas situações o fato e o fato jurídico se apresentam de tal forma, que é praticamente impossível estabelecer uma distinção entre eles. Na verdade, porém, existe essa distinção, e ela é de decisiva utilidade na caracterização da fraude. O fato existe no mundo fenomênico independentemente de qualquer regra jurídica, e seu significado não decorre da incidência de uma regra jurídica, nem é por esta determinado. Já, o fato jurídico só existe como resultado da incidência de uma regra jurídica.

Estabelecida essa diferença, podemos dizer que sem ocultação, ou deformação, do fato enquanto uma realidade do mundo fenomênico não se pode afirmar a ocorrência de fraude, porque esta, conforme demonstramos no capítulo precedente, se caracteriza sempre pela deformação ou ocultação de elemento do mundo fenomênico. Dito de outra forma: a fraude não se caracteriza pela deformação ou ocultação do *fato jurídico*. Ela se caracteriza, sempre, pela deformação ou ocultação do *fato*, vale dizer, daquilo que está no mundo fenomênico independentemente de qualquer regra jurídica, não é efeito de sua incidência, nem tem o significado que esta lhe atribui.

## *5.3 A licitude como limite ao planejamento tributário*

Marciano Seabra de Godoi doutrina, com propriedade:

> A maioria dos autores brasileiros só reconhece e nomeia dois campos de atuação do contribuinte: o da elisão (lícita) e o da evasão (ilícita). Se o contribuinte não pratica simulação (no sentido de uma declaração de vontade total ou parcialmente falsa), falsificação documental ou outras fraudes do gênero (que caracterizam *evasão*), sua conduta é considerada inatacável, mesmo que o contribuinte tenha adotado formas jurídicas manifestamente artificiosas para atingir resultados práticos completamente distanciados daqueles para os quais as tais formas jurídicas foram criadas pelo direito positivo.
>
> Para essa posição ainda majoritária da doutrina brasileira, os princípios da reserva absoluta de lei em sentido formal, tipicidade fechada e da proibição de tributar mediante analogia tornariam inconstitucional qualquer combate a operações de planejamento tributário mediante a aplicação de institutos como o abuso do direito ou a fraude à lei. Nem mesmo por força de uma emenda constitucional essa forma de combater determina-

dos planejamentos tributários poderia ser adotada no Direito Brasileiro. Ou seja, uma prática que há décadas se desenvolve na grande maioria dos Países de democracia liberal-capitalista somente poderia ser introduzida no Brasil mediante uma ruptura institucional ou um golpe de Estado que instituísse uma nova ordem constitucional em substituição ao atual Estado Democrático de Direito.[10]

Entretanto, em seguida Marciano Seabra de Godoi escreve:

> Ao longo desse artigo ficará claro que o ataque ou a defesa de figuras como o abuso do direito e a fraude à lei tributária não são regidos por axiomas lógicos ou por dados ou evidências empiricamente irrefutáveis. Defendem-se ou atacam-se essas figuras a partir de certos *valores*, e nos parece que por trás dessa postura ainda majoritária estão: o tributo visto como uma agressão ou um castigo que se aceita mas não se justifica; a segurança jurídica como um valor absoluto; a aplicação mecânica e não valorativa da lei como um mito sagrado; o individualismo e a autonomia da vontade sobrevalorizados e hipertrofiados, como se vivêssemos em pleno século XIX.[11]

Como se vê, Marciano Seabra de Godoi reconhece não existir uma fronteira clara a demarcar o abuso do direito e a fraude à lei. Acusa de viverem no século XIX os que sustentam ser o tributo uma agressão e a segurança um valor absoluto, a aplicação mecânica e não valorativa da lei como um mito sagrado e o individualismo e a autonomia da vontade sobrevalorizados e hipertrofiados. E com isto comete certo exagero, posto que:

(a) O tributo, embora não seja propriamente uma agressão, não deixa de ser odioso, sobretudo porque o Poder Público utiliza os recursos arrecadados de forma perdulária, não presta a contento serviços essenciais, como a segurança pública, e não pune como deveria a prática da corrupção, que consome com extrema voracidade os recursos financeiros arrecadados.

(b) A segurança, embora não seja um valor absoluto, é, na verdade, um dos valores essenciais que ao Direito cabe realizar, e restará extremamente degradado se admitirmos a cobrança de tributo por analogia ou, mesmo, a interpretação extensiva da lei definidora das hipóteses de incidência tributária.

---

10. Marciano Seabra de Godoi, "Uma proposta de compreensão e controle dos limites da elisão fiscal no Direito Brasileiro. Estudo de casos", in Douglas Yamashita, *Planejamento Tributário à Luz da Jurisprudência*, São Paulo, Lex, 2007, p. 243.

11. Idem, p. 244.

(c) A aplicação da lei tributária, embora não seja simplesmente mecânica e não valorativa – até porque isto é inteiramente impossível –, deve ser feita de modo a evitar a cobrança do tributo em situações diversas daquelas previstas como hipóteses de incidência; e nada impede que o legislador, percebendo uma falha na lei tributária, cuide de sua supressão e autorize, assim, a cobrança do tributo sem violência ao princípio da legalidade, como já ocorreu várias vezes, especialmente em matéria de imposto de renda e proventos de qualquer natureza.

(d) O individualismo e a autonomia da vontade não podem ser inteiramente descartados, até porque o mundo inteiro tem visto o fracasso das comunidades nas quais se pretendeu implantar regimes socialistas, como se deu na Alemanha Oriental, na China e em Cuba, por exemplo.

O respeito à legalidade deve ser preservado, pois a vigente Constituição Federal adota como garantia constitucional tanto o princípio da legalidade geral[12] como o princípio da legalidade tributária.[13] E como se não bastasse o enunciado existente na Constituição, o Código Tributário Nacional veda expressa e claramente a cobrança do tributo por analogia, de sorte que o combate às práticas lícitas tendentes a evitar ou reduzir o tributo é um problema do legislador.

### 5.4 *Fronteira entre o uso e o abuso do direito*

Considerando que o abuso do direito é um ilícito, inclusive como tal expressamente considerado pelo vigente Código Civil, como visto no capítulo precedente, a questão que se coloca consiste em saber o que é essencial para caracterizar o abuso do direito. Ou, em outras palavras: a questão que se coloca consiste em saber qual é a fronteira entre o uso e o abuso do direito.

A nosso ver, embora essa fronteira possa ser vista com certa facilidade diante de casos concretos, sua definição, em tese, é extremamente difícil. Por isto mesmo, uma norma geral antielisão poderá evitar grande número de conflitos, permitindo a cobrança do tributo sem penalidades naqueles casos em que o Fisco entenda estar configurado o abuso do direito.

Realmente, podemos considerar que a denominada norma geral antielisão tem utilidade apenas como instrumento de ordem prática, para evitar conflitos entre o Fisco e o contribuinte no que diz respeito à fronteira entre o uso e o abuso do direito. É o que veremos no capítulo seguinte.

---

12. CF de 1988, art. 5º, II.

13. CF de 1988, art. 150, I.

## *Capítulo V*
# *NORMA GERAL ANTIELISÃO*

*1. Introdução. 2. A norma geral antielisão no Direito Brasileiro: 2.1 Inclusão no Código Tributário Nacional – 2.2 Inconstitucionalidade ou inutilidade – 2.3 Fundamento da desconsideração. 3. O procedimento para a desconsideração: 3.1 Exigência de procedimento específico – 3.2 A Medida Provisória 66/2002 – 3.3 Ampliação da possibilidade de desconsideração – 3.4 Procedimento específico a ser estabelecido em lei. 4. Ação do Fisco na ausência do procedimento: 4.1 Tratamento da elisão como infração à lei tributária. 5. Manifestação de Everardo Maciel e Ives Gandra Martins: 5.1 Quanto às várias questões suscitadas pela norma geral antielisão – 5.2 Quanto à exigência de procedimento específico – 5.3 Quanto ao princípio da estrita legalidade – 5.4 Quanto ao abuso de direito – 5.5 Tributo pago em face dos atos desconsiderados. 6. Utilidade prática da norma geral antielisão: 6.1 Contribui para evitar conflitos – 6.2 Procedimento especial.*

## *1. Introdução*

A expressão "norma geral antielisão" é bastante indicativa do seu significado. Sobre ela, Schubert de Farias Machado e eu já escrevemos:

> É uma *norma* que vem qualificada como *geral* porque se aplica aos tributos em geral, e se qualifica como *antielisão* porque se presta para coibir a prática denominada *elisão fiscal*, ou *elisão tributária*. A palavra "elisão" tem diversos significados. Mesmo no âmbito do direito tributário. No sentido com o qual compõe a expressão "norma geral antielisão", a palavra "elisão" designa o procedimento adotado pelo contribuinte para, sem violação da lei tributária, excluir ou reduzir o tributo. Assim, norma geral antielisão é uma norma que tem por finalidade autorizar providências no sentido de evitar a prática da elisão fiscal ou tributária, ou, em outras palavras, autorizar a cobrança do tributo que, como consequência da elisão, não seria devido.[1]

1. Hugo de Brito Machado e Schubert de Farias Machado, *Dicionário de Direito Tributário*, São Paulo, Atlas, 2011, pp. 159 e 160.

Nas leis de tributação existem vários dispositivos que somente se justificam pela ideia de evitar a elisão, vale dizer, evitar que o contribuinte adote formas jurídicas que lhe permitem um resultado econômico sem o ônus tributário que suportaria se adotada a forma ordinariamente adotada pelos que pretendem aquele resultado. Em outras palavras, podemos dizer que em várias leis tributárias existem dispositivos que somente se justificam como forma de evitar o denominado *planejamento tributário*.

Muitos exemplos de tais dispositivos podem ser encontrados na legislação tributária, e eles bem demonstram que o problema do *planejamento tributário* deve ser e tem sido enfrentado pelo legislador, com dispositivos tendentes a fazer com que o tributo alcance as situações que poderiam ser buscadas pelo contribuinte para evitar o ônus tributário. Qualquer pessoa que tenha algum conhecimento da legislação sobre os impostos em nosso País sabe muito bem que existem nela diversos dispositivos dessa ordem – dispositivos que, a rigor, ampliam no plano jurídico formal a hipótese de incidência tributária para evitar a elisão. O que constitui novidade em nosso ordenamento jurídico é a denominada norma *geral* antielisão, que pretende contornar o problema de uma vez, relativamente a todos os impostos.

Em relação ao antigo imposto sobre vendas e consignações já existia entendimento pacífico segundo o qual a incidência do imposto não ocorria apenas sobre *vendas e consignações*, mas sobre as saídas em geral decorrentes da transferência da propriedade das mercadorias, praticadas pelos comerciantes em geral. A expressão "vendas e consignações" era entendida, assim, com amplitude bem maior do que a que realmente tem no plano jurídico formal. Assim, se dois comerciantes realizavam uma *permuta* de mercadorias, havia indiscutível incidência daquele imposto.

Com a substituição do antigo imposto sobre vendas e consignações pelo atual imposto sobre operações relativas à circulação de mercadorias e prestação de serviços de transportes e comunicações/ICMS operou-se a opção pela definição da hipótese de incidência tributária sem referência a negócios jurídicos, e sim aos efeitos destes no mundo dos fatos. O próprio nome do novo imposto o indica claramente.[2] Assim é que a Lei Complementar 87, de 13.9.1996, estabeleceu:

---

2. **N.A.** A Emenda Constitucional nº 132, de 20 de dezembro de 2023, prevê a extinção do ICMS, e que lei complementar deverá instituir o Imposto sobre Bens e Serviços – IBS, de competência compartilhada entre Estados, Distrito Federal e Municípios (art. 156-A).

> Art. 2º. O imposto incide sobre: I – operações relativas à circulação de mercadorias, inclusive o fornecimento de alimentação e bebidas em bares, restaurantes e estabelecimentos similares; II – prestações de serviços de transporte interestadual e intermunicipal, por qualquer via, de pessoas, bens, mercadorias ou valores; III – prestações onerosas de serviços de comunicação, por qualquer meio, inclusive a geração, a emissão, a recepção, a transmissão, a retransmissão, a repetição e a ampliação de comunicação de qualquer natureza; IV – fornecimento de mercadorias com prestação de serviços sujeitos ao imposto sobre serviços não compreendidos na competência tributária dos Municípios; V – fornecimento de mercadorias com prestação de serviços sujeitos ao imposto sobre serviços, de competência dos Municípios, quando a lei complementar aplicável expressamente o sujeitar à incidência do imposto estadual.

Como se vê, a própria lei complementar, que, em obediência ao art. 146, III, "a", estabelece normas gerais pertinentes, no caso, ao ICMS, cuidou de delimitar o âmbito constitucional desse imposto estadual utilizando expressões atinentes aos fatos, evitando referência a atos ou negócios jurídicos. E, como se isto não bastasse, cuidou de estabelecer que a caracterização do seu fato gerador independe da natureza jurídica da operação que o constitua.[3]

Não temos dúvida de que ao legislador cabe, ao definir a hipótese de incidência de cada tributo, procurar formas que evitem referências a atos ou negócios jurídicos, preferindo referir-se a fatos da vida econômica, e, assim, tornar desnecessária a desconsideração destes como forma de evitar a elisão ou planejamento tributário. Entretanto, ao que parece seguindo uma tendência que se vem verificando em outros Países, o legislador brasileiro introduziu em nosso ordenamento jurídico a denominada *norma geral antielisão*, objeto de nosso estudo.

## 2. *A norma geral antielisão no Direito Brasileiro*

### 2.1 *Inclusão no Código Tributário Nacional*

A denominada *norma geral antielisão* foi introduzida em nosso ordenamento jurídico pela Lei Complementar 104, de 10.1.2001, que acrescentou ao art. 116 do CTN um parágrafo único, a dizer que:

> Art. 116. (...).
>
> Parágrafo único. A autoridade administrativa poderá desconsiderar atos ou negócios jurídicos praticados com a finalidade de dissimular a ocorrência do fato gerador do tributo ou a natureza dos elementos cons-

3. Lei Complementar 87, de 13.9.1996, art. 2º, § 2º.

titutivos da obrigação tributária, observados os procedimentos a serem estabelecidos em lei ordinária.

Esta é a denominada *norma geral antielisão*. Norma até então inexistente em nosso ordenamento jurídico, com a qual restou atribuída à autoridade da Administração Tributária competência para desconsiderar certos atos ou negócios jurídicos dos quais decorram a exclusão ou a redução de tributos.

Coloca-se, então, a questão de saber quais atos ou negócios jurídicos podem ser desconsiderados. Uma interpretação literal do parágrafo único do art. 116 do CTN, acima transcrito, leva-nos a entender que podem ser desconsiderados pela autoridade administrativa todos os atos *praticados com a finalidade de dissimular a ocorrência do fato gerador do tributo ou a natureza dos elementos constitutivos da obrigação tributária*. E a questão essencial concentra-se, então, em saber o que significa "dissimular", e, mais precisamente, em saber se "dissimular" é um *ilícito*.

## *2.2 Inconstitucionalidade ou inutilidade*

Temos sustentado que, a depender da interpretação que se dê à denominada norma geral antielisão, albergada pelo parágrafo único do art. 116 do CTN, dita norma terá de ser considerada *inconstitucional* ou *inútil*. Inconstitucional se interpretada de modo a amesquinhar o princípio da legalidade tributária.[4] Inútil se interpretada dentro dos limites desse princípio, porque mesmo sem ela o Fisco já tem desconsiderado diversos atos ou negócios jurídicos por entender que foram praticados com *abuso de direito*, e os tribunais têm apoiado essa atitude em todos os casos nos quais entende configurado o abuso de direito.[5]

Realmente, como assevera, com razão, Kiyoshi Harada, entender-se que a denominada norma antielisiva geral "permite ao fisco desconsiderar atos ou negócios praticados pelos contribuintes, para evitar que sejam alcançados pela norma jurídica de tributação, implica grave violação dos princípios da estrita legalidade, da tipicidade fechada e de reserva absoluta da lei formal, gerando situações de total insegurança e de arbítrio, incompatíveis com a ordem jurídica vigente".[6]

---

4. Cf. nosso *Comentários ao Código Tributário Nacional*, vol. II, São Paulo, Atlas, 2004, pp. 357-360.

5. Idem, pp. 360-363.

6. Kiyoshi Harada, Leonardo Musumecci Filho e Gustavo Moreno Polido, *Crimes Contra a Ordem Tributária*, 2ª ed., São Paulo, Atlas, 2015, pp. 67 e 68.

Seja como for, a inclusão no Código Tributário Nacional da questionada norma geral antielisão teve o mérito de provocar estudos doutrinários sobre o assunto, em cujo âmbito vamos aqui destacar a questão da falta de propósito negocial como fundamento para a exigência de tributo – vale dizer: como fundamento para a desconsideração, pela autoridade da Administração Tributária, de atos ou negócios jurídicos dos quais decorram a exclusão ou a redução de tributo. E, ainda quando se defenda o direito do contribuinte de praticar a elisão tributária dentro dos limites da legalidade, mas se admita que há uma zona de fronteira entre o lícito (exercício do direito) e o ilícito (abuso do direito), a norma geral antielisão tem a virtude de abrir caminho para uma solução em que, em face da desconsideração de atos ou negócios jurídicos pela autoridade administrativa, o tributo seja pago sem acréscimo de penalidades.

**Nota de atualização:** A validade do parágrafo único do art. 116 do CTN foi questionada perante o Supremo Tribunal Federal, por meio da Ação Direta de Inconstitucionalidade nº 2.446 – DF, promovida pela Confederação Nacional do Comércio – CNC. Em abril de 2022, o STF declarou constitucional o mencionado parágrafo único do art. 116, adotando posição bem próxima ao pensamento do professor Hugo Machado de que – em respeito ao princípio da legalidade – a norma é válida, mas inútil, na medida em que nada altera em relação à situação anterior, na qual o fisco já desconsiderava diversos atos ou negócios jurídicos quando entendia que teriam sido praticados com abuso. A referida decisão do STF está lastreada no voto da relatora, Ministra Carmem Lúcia, do qual transcrevemos os seguintes trechos:

*"5. A Constituição da República consagrou o princípio da legalidade e o princípio da estrita legalidade tributária em seus arts. 5º, inc. II, 37 e 150, inc. I.*

*(...)*

*A tipicidade no direito tributário é corolário do princípio da legalidade estrita prevista no inc. I do art. 150 da Constituição da República a exigir definição precisa dos fatos que podem vir a resultar em tributação.*

*(...)*

*6. No caso agora apreciado, a alegação de ofensa aos princípios da legalidade e da legalidade tributária não se sustenta.*

*Em obediência ao princípio insculpido no inc. I do art. 150 da Constituição da República, o Código Tributário Nacional dispõe que somente a lei pode definir o fato gerador:*

*'Art. 97. Somente a lei pode estabelecer:*

*(...)*

*III – a definição do fato gerador da obrigação tributária principal, ressalvado o disposto no inciso I do § 3º do artigo 52, e do seu sujeito passivo'.*

*A definição do fato gerador está no art. 114 do Código Tributário Nacional, ali se estabelecendo: 'Fato gerador da obrigação principal é a situação definida em lei como necessária e suficiente à sua ocorrência'.*

*Analisando a definição legal de fato gerador, Hugo de Brito Machado ressalta estarem nele contidos os seguintes requisitos:*

*'a) Situação, significando fato, conjunto de fatos, situação de fato, situação jurídica. Fato em sentido amplo. Toda e qualquer ocorrência, decorrente ou não da vontade. Mas sempre considerada como fato, vale dizer, sem qualquer relevância dos aspectos subjetivos.*

*b) Definida em lei, vale dizer que a definição do fato gerador da obrigação tributária principal, a descrição da situação cuja ocorrência faz nascer essa obrigação, é matéria compreendida na ressalva legal. Só a lei é o instrumento próprio para descrever, para definir, a situação cuja ocorrência gera a obrigação tributária principal. Veja-se, a propósito, o que expressa o art. 97, item III, do CTN, tendo presente que a palavra lei é por este utilizada em sentido restrito.*

*c) Necessária, importa dizer que, sem a situação prevista em lei, não nasce a obrigação tributária. Para surgir a obrigação tributária é indispensável a ocorrência da situação prevista em lei.*

*d) Suficiente, significa que a situação prevista em lei é bastante. Para o surgimento da obrigação tributária basta, é suficiente, a ocorrência da situação descrita na lei para esse fim'* (MACHADO, Hugo de Brito. Curso de Direito Tributário. 11. ed. São Paulo: Malheiros, 1996, p. 89-90).

*Ressalte-se, de pronto, ter sido a norma impugnada incluída no dispositivo do Código Tributário que estabelece quando se tem por ocorrido o fato gerador com seus efeitos, qual seja, o art. 116.*

*O parágrafo único acrescido ao art. 116 dispõe que 'a autoridade administrativa poderá desconsiderar atos ou negócios jurídicos praticados com a finalidade de dissimular a ocorrência do fato gerador do tributo ou a natureza dos elementos constitutivos da obrigação tributária'.*

*O fato gerador ao qual se refere o parágrafo único do art. 116 do Código Tributário Nacional, incluído pela Lei Complementar n. 104/2001, é, dessa forma, aquele previsto em lei.*

*Faz-se necessária, assim, a configuração de fato gerador que, por óbvio, além de estar devidamente previsto em lei, já tenha efetivamente se materializado, fazendo surgir a obrigação tributária.*

*Assim, a desconsideração autorizada pelo dispositivo está limitada aos atos ou negócios jurídicos praticados com intenção de dissimulação ou ocultação desse fato gerador.*

*O parágrafo único do art. 116 do Código não autoriza, ao contrário do que argumenta a autora, 'a tributação com base na intenção do que poderia estar sendo supostamente encoberto por uma forma jurídica, totalmente legal, mas que estaria ensejando pagamento de imposto menor, tributando mesmo que não haja lei para caracterizar tal fato gerador' (fl. 3, e-doc. 2, grifos nossos).*

*Autoridade fiscal estará autorizada apenas a aplicar base de cálculo e alíquota a uma hipótese de incidência estabelecida em lei e que tenha se realizado.*

*Tem-se, pois, que a norma impugnada visa conferir máxima efetividade não apenas ao princípio da legalidade tributária, mas também ao princípio da lealdade tributária.*

*(...)*

*Não se comprova também, como pretende a autora, retirar incentivo ou estabelecer proibição ao planejamento tributário das pessoas físicas ou jurídicas. A norma não proíbe o contribuinte de buscar, pelas vias legítimas e comportamentos coerentes com a ordem jurídica, economia fiscal, realizando suas atividades de forma menos onerosa, e, assim, deixando de pagar tributos quando não configurado fato gerador cuja ocorrência tenha sido licitamente evitada.*

*(...)*

*7. (...)*

*O art. 108 do Código Tributário Nacional não foi alterado pela Lei Complementar n. 104/2001, não estando autorizado o agente fiscal a valer-se de analogia para definir fato gerador e, tornando-se legislador, aplicar tributo sem previsão legal.*

*Nada há na norma questionada a autorizar tal interpretação, inteiramente criada pelo intérprete e sem qualquer respaldo normativo ou fático.*

*8. A norma do parágrafo único do art. 116 não dispõe, ao contrário do pretendido pela autora, de espaço autorizado de interpretação econômica. Ali não se trata da interpretação da lei, o que se dá no Capítulo*

*IV do Código Tributário Nacional intitulado 'Interpretação e Integração da Legislação Tributária'.*

*Tem-se no artigo 110:*

> *'A lei tributária não pode alterar a definição, o conteúdo e o alcance de institutos, conceitos e formas de direito privado, utilizados, expressa ou implicitamente, pela Constituição Federal, pelas Constituições dos Estados, ou pelas Leis Orgânicas do Distrito Federal ou dos Municípios, para definir ou limitar competências tributárias.'*

*Esse dispositivo não foi alterado pela Lei Complementar n. 104/2001.*

*9. De se anotar que elisão fiscal difere da evasão fiscal. Enquanto na primeira há diminuição lícita dos valores tributários devidos pois o contribuinte evita relação jurídica que faria nascer obrigação tributária, na segunda, o contribuinte atua de forma a ocultar fato gerador materializado para omitir-se ao pagamento da obrigação tributária devida.*

*A despeito dos alegados motivos que resultaram na inclusão do parágrafo único ao art. 116 do CTN, a denominação 'norma antielisão' é de ser tida como inapropriada, cuidando o dispositivo de questão de norma de combate à evasão fiscal."*

### *2.3 Fundamento da desconsideração*

O ato administrativo de desconsideração deve ser fundamentado, com a indicação das razões pelas quais a autoridade administrativa decidiu praticá-lo. É indiscutível a necessidade de motivação do ato da autoridade da Administração Tributária que desconsiderar atos ou negócios jurídicos dos quais decorram a exclusão ou a redução de tributo. Essa motivação é condição para sua validade. Neste sentido escreve Celso Antônio Bandeira de Mello:

> Deve-se considerar, também, como postulado pelo princípio da legalidade o *princípio da motivação*, isto é, o que impõe à Administração Pública o dever de expor as razões de direito e de fato pelas quais tomou a providência adotada. Cumpre-lhe fundamentar o ato que haja praticado, justificando as razões que lhe serviram de apoio para expedi-lo.[7]

Depois, referindo-se ao princípio da motivação, o eminente administrativista escreve:

---

7. Celso Antônio Bandeira de Mello, *Curso de Direito Administrativo*, 30ª ed., São Paulo, Malheiros Editores, 2013, p. 82.

> Dito princípio implica para a Administração o dever de justificar seus atos, apontando-lhes os fundamentos de direito e de fato, assim como a correlação lógica entre os eventos e situações que deu por existentes e a providência tomada, nos casos em que este último aclaramento seja necessário para aferir-se a consonância da conduta administrativa com a lei que lhe serviu de arrimo.[8]

Esclarece, com razão, que o fundamento constitucional da obrigação de motivar está no art. 5º, XXXV, da CF de 1988, que assegura o direito à apreciação judicial de qualquer lesão ou ameaça a direito.[9] E, ainda, reportando-se aos princípios do processo e garantias do administrado, refere-se à exigência de motivação constante da Lei 9.784, de 29.1.1999, e afirma que a referida lei:

> No que tange à motivação, esclarece suas características ao indicar que deverá ser explícita, clara e congruente (podendo consistir em declaração de concordância com fundamentos de anteriores pareceres, informações, decisões ou propostas, que, neste caso, serão parte integrante do ato), tudo conforme disposto no § 1º do art. 50, sendo certo que, a teor do *caput*, deverá trazer a indicação dos fatos e dos fundamentos jurídicos do ato.[10]

Realmente, a Lei 9.784/1999, mencionada por Celso Antônio, dedica seu Capítulo XII à motivação dos atos administrativos, dispondo expressamente:

> Art. 50. Os atos administrativos deverão ser motivados, com indicação dos fatos e dos fundamentos jurídicos, quando: I – neguem, limitem ou afetem direitos ou interesses; II – imponham ou agravem deveres, encargos ou sanções; III – decidam processos administrativos de concurso ou seleção pública; IV – dispensem ou declarem a inexigibilidade de processo licitatório; V – decidam recursos administrativos; VI – decorram de reexame de ofício; VII – deixem de aplicar jurisprudência firmada sobre a questão ou discrepem de pareceres, laudos, propostas e relatórios oficiais; VIII – importem anulação, revogação, suspensão ou convalidação de ato administrativo.
>
> § 1º. A motivação deve ser explícita, clara e congruente, podendo consistir em declaração de concordância com fundamentos de anteriores pareceres, informações, decisões ou propostas, que, neste caso, serão parte integrante do ato.

8. Idem, p. 115.
9. Idem, p. 116.
10. Idem, p. 522.

§ 2º. Na solução de vários assuntos da mesma natureza, pode ser utilizado meio mecânico que reproduza os fundamentos das decisões, desde que não prejudique direito ou garantia dos interessados.

§ 3º. A motivação das decisões de órgãos colegiados e comissões ou de decisões orais constará da respectiva ata ou de termo escrito.

Dúvida não pode haver, portanto, quanto à necessidade de fundamentação do ato administrativo que desconsiderar ato ou negócio jurídico para o fim de cobrar tributo que o contribuinte reputa indevido. Os incisos I e II do dispositivo legal supratranscrito impõem a motivação dos atos que neguem, limitem ou afetem direitos ou interesses, imponham deveres ou encargos; e não há dúvida de que o ato de desconsideração nega direito e afeta interesse do contribuinte, além de lhe impor deveres e encargos. Assim, independentemente da incidência de outros dispositivos da lei em questão, têm-se nela dispositivos que literal e expressamente impõem a motivação do ato que desconsidere atos ou negócios jurídicos.

Essa motivação deve apontar a finalidade de "dissimular a ocorrência do fato gerador do tributo ou a natureza dos elementos constitutivos da obrigação tributária", pois este é o único fundamento que autoriza a desconsideração de atos ou negócios jurídicos, nos termos do parágrafo único do art. 116 do CTN.

## 3. *O procedimento para a desconsideração*

### *3.1 Exigência de procedimento específico*

É fora de dúvida que a desconsideração de atos ou negócios jurídicos pela autoridade administrativa depende da existência de procedimento específico para esse fim, pois a lei que introduziu essa figura jurídica em nosso Direito o exige expressamente.

Realmente, a denominada *norma geral antielisão* foi introduzida em nosso ordenamento jurídico pela Lei Complementar 104, de 10.1.2001, que acrescentou o parágrafo único ao art. 116 do CTN, dispositivo, este, que em sua parte final exige, expressa e claramente, sejam "observados os procedimentos a serem estabelecidos em lei ordinária".

A exigência de procedimento específico para a desconsideração de atos ou negócios jurídicos é decorrência lógica do reconhecimento da figura da elisão. Se a desconsideração é autorizada por uma *norma geral antielisão*, essa desconsideração não pode ter o tratamento legalmente dispensado ao fato que configura simplesmente infração à lei tributária. Além disto – repita-se –, a exigência de procedimento específico decorre da regra jurídica expressa.

Por tais razões, e não por benevolência da Administração Tributária, a Medida Provisória 66, de 29.8.2002, cuidou de estabelecer esse procedimento específico a ser observado para a desconsideração de atos ou negócios jurídicos.

### *3.2 A Medida Provisória 66/2002*

A Medida Provisória 66/2002, desobedecendo ao estabelecido no art. 7º, I, da Lei Complementar 95, de 26.2.1998, tratou de assuntos diversos, entre os quais o procedimento a ser adotado pela autoridade da Administração Tributária para a desconsideração de atos e negócios jurídicos, a que se refere o parágrafo único do art. 116 do CTN. Neste sentido, estabeleceu:

> Art. 13. Os atos ou negócios jurídicos praticados com a finalidade de dissimular a ocorrência de fato gerador de tributo ou a natureza dos elementos constitutivos de obrigação tributária serão desconsiderados, para fins tributários, pela autoridade administrativa competente, observados os procedimentos estabelecidos nos arts. 14 a 19 subsequentes.
>
> Parágrafo único. O disposto neste artigo inclui atos e negócios jurídicos em que se verificar a ocorrência de dolo, fraude ou simulação.
>
> Art. 14. São passíveis de desconsideração os atos ou negócios jurídicos que visem a reduzir o valor de tributo, a evitar ou a postergar o seu pagamento ou a ocultar os verdadeiros aspectos do fato gerador ou a real natureza dos elementos constitutivos da obrigação tributária.
>
> § 1º. Para a desconsideração de ato ou negócio dever-se-á levar em conta, entre outras, a ocorrência de: I – falta de propósito negocial; ou II – abuso de forma.
>
> § 2º. Considera-se indicativo de falta de propósito negocial a opção pela forma mais complexa ou mais onerosa, para os envolvidos, entre duas ou mais formas para a prática de determinado ato.
>
> § 3º. Para o efeito do disposto no inciso II do § 1º, considera-se abuso de forma jurídica a prática de ato ou negócio jurídico indireto que produza o mesmo resultado econômico do ato ou negócio jurídico dissimulado.

Art. 15. A desconsideração será efetuada após a instauração de procedimento de fiscalização, mediante ato da autoridade administrativa que tenha determinado a instauração desse procedimento.

Art. 16. O ato de desconsideração será precedido de representação do servidor competente para efetuar o lançamento do tributo à autoridade de que trata o art. 15.

§ 1º. Antes de formalizar a representação, o servidor expedirá notificação fiscal ao sujeito passivo, na qual relatará os fatos que justificam a desconsideração.

§ 2º. O sujeito passivo poderá apresentar, no prazo de 30 (trinta) dias, os esclarecimentos e provas que julgar necessários.

§ 3º. A representação de que trata este artigo: I – deverá conter relatório circunstanciado do ato ou negócio praticado e a descrição dos atos ou negócios equivalentes ao praticado; II – será instruída com elementos de prova colhidos pelo servidor, no curso do procedimento de fiscalização, até a data da formalização da representação e os esclarecimentos e provas apresentados pelo sujeito passivo.

Art. 17. A autoridade referida no art. 15 decidirá, em despacho fundamentado, sobre a desconsideração dos atos ou negócios jurídicos praticados.

§ 1º. Caso conclua pela desconsideração, o despacho a que se refere o *caput* deverá conter, além da fundamentação: I – descrição dos atos ou negócios praticados; II – discriminação dos elementos ou atos caracterizadores de que os atos ou negócios jurídicos foram praticados com a finalidade de dissimular a ocorrência de fato gerador de tributo ou a natureza dos elementos constitutivos da obrigação tributária; III – descrição dos atos ou negócios equivalentes aos praticados, com as respectivas normas de incidência dos tributos; IV – resultado tributário produzido pela adoção dos atos ou negócios equivalentes referidos no inciso III, com especificação, por tributo, da base de cálculo, da alíquota incidente e dos encargos moratórios.

§ 2º. O sujeito passivo terá o prazo de 30 (trinta) dias, contado da data que for cientificado do despacho, para efetuar o pagamento dos tributos acrescidos de juros e multa de mora.

Art. 18. A falta de pagamento dos tributos e encargos moratórios no prazo a que se refere o § 2º do art. 17 ensejará o lançamento do respectivo crédito tributário, mediante lavratura de auto de infração, com aplicação de multa de ofício.

§ 1º. O sujeito passivo será cientificado do lançamento para, no prazo de 30 (trinta) dias, efetuar o pagamento ou apresentar impugnação contra a exigência do crédito tributário.

§ 2º. A contestação do despacho de desconsideração dos atos ou negócios jurídicos e a impugnação do lançamento serão reunidas em um único processo, para serem decididas simultaneamente.

Art. 19. Ao lançamento efetuado nos termos do art. 18 aplicam-se as normas reguladoras do processo de determinação e exigência do crédito tributário.

Ocorre que esses dispositivos da Medida Provisória 66/2002 não foram convertidos em lei. No Congresso Nacional foram excluídos do projeto de conversão do qual resultou a Lei 10.637, de 30.12.2002. Assim, sem que exista lei ordinária cuidando do procedimento a ser adotado pela autoridade administrativa para a desconsideração de atos ou negócios jurídicos com fundamento na denominada norma geral antielisão, é indiscutível que essa norma ainda não pode ser aplicada.

Por outro lado, a Medida Provisória 66, a propósito de regular o procedimento a ser observado para a desconsideração de atos ou negócios jurídicos praticados com a finalidade de dissimular a ocorrência do fato gerador do tributo ou a natureza dos elementos constitutivos da obrigação tributária, nos termos do parágrafo único do art. 116 do CTN, neste introduzido pela Lei Complementar 104/2001, ultrapassou o âmbito dessa regra e a contraditou, como bem demonstra Alberto Xavier, em texto que nos enviou com pedido de divulgação, expressivo de sua revolta com o tratamento dado à elisão fiscal em nosso ordenamento jurídico, e que transcrevemos na íntegra:

### *A Norma Geral Antielisão da Medida Provisória 66/2002 e a Tributação por Analogia: uma Brutal Agressão ao Princípio da Legalidade*

ALBERTO XAVIER

*1.* A Medida Provisória 66, de 29.8.2002, nos seus arts. 13 a 19, sob a epígrafe "Procedimentos Relativos à Norma Geral Antielisão", visou a implementar o parágrafo único do art. 116 do CTN, acrescentando pela Lei Complementar 104/2001, segundo o qual "a autoridade administrativa poderá desconsiderar atos ou negócios jurídicos praticados com a finalidade de dissimular a ocorrência do fato gerador do tributo ou a natureza dos elementos constitutivos da obrigação tributária, observados os procedimentos a serem estabelecidos em lei ordinária".

*2.* A mais singela comparação entre as citadas disposições da Medida Provisória 66/2002 e da Lei Complementar 104/2001 revela que as primeiras não só ultrapassaram largamente o escopo da segunda, como também são com ela logicamente contraditórias.

*3.* Ultrapassaram largamente o escopo da Lei Complementar 104/2001 porque esta se limitou a autorizar a lei ordinária a *estabelecer os procedimentos* para a desconsideracão dos atos jurídicos, mas não assim para alargar o círculo dos atos ou negócios suscetíveis de desconsideração. Ora, enquanto a Lei Complementar 104/2001 tinha restringido tal círculo às hipóteses de *simulação*, como inequivocamente resulta da expressão "dissimular" (simulação relativa), o art. 13 da Medida Provisória 66/2002 chega ao absurdo de afirmar que o nele disposto não se aplica aos casos de dolo, fraude ou simulação. Ao invés, afirma serem passíveis de desconsideração atos em que se verifique, entre outros fundamentos não tipificados, a ocorrência de "falta de propósito negocial" ou "abuso de forma", considerando-se indicativo de falta de propósito negocial a opção pela forma mais complexa ou mais onerosa para os envolvidos entre duas ou mais formas para a prática de determinado ato e considerando abuso de forma jurídica a prática de ato ou negócio jurídico indireto que produza o mesmo resultado econômico do ato ou negócio jurídico dissimulado (art. 14).

*4.* É de tal modo evidente o caráter exorbitante e contraditório da lei ordinária (medida provisória) em relação ao que estabelece a lei complementar, que a invalidade das disposições em causa resulta direta e imediatamente de violação da hierarquia constitucional das fontes de produção jurídica.

*5.* Mais grave é, porém, o fato de tal violação atingir na sua essência o princípio básico do sistema tributário nacional que é o *princípio da legalidade da tributação*, da essência de qualquer Estado de Direito, segundo o qual é vedado "exigir ou aumentar tributo sem lei que o estabeleça" (art. 150, I, da CF).

*6.* O princípio da legalidade da tributação traduz-se num princípio de tipicidade, segundo o qual os fatos tributáveis constituem um *numerus clausus* constante de uma enumeração taxativa, para além da qual existe um espaço de liberdade e propriedade insuscetível de ser preenchido por analogia. E daí que o art. 108, § 1º, do CTN determine que "o emprego da analogia não poderá resultar na exigência de tributo não previsto em lei".

*7.* Ora, o que a Medida Provisória 66/2002 vem estabelecer cinicamente, às claras e sem pudor, é um sistema baseado na pura tributação por analogia, vez que permite às autoridades administrativas tributar atos juridicamente válidos, não eivados de dolo, fraude ou simulação, que, embora não previstos na lei fiscal, produzem, a juízo de um agente fiscal, um resultado econômico equivalente ao dos atos tipificados por lei. Trata-se, numa palavra, de tributação por analogia por ato do Poder Executivo, o que, a prosperar, representaria a morte do princípio da legalidade da tributação.

*8.* Sucede que esta tentativa de agressão não é possível na ordem constitucional brasileira, eis que o princípio da legalidade consagra uma garantia individual do cidadão, como resulta da própria formulação expressa do *caput* do art. 150 ("sem prejuízo de outras garantias asseguradas ao contribuinte, (...)"), em tudo similar à garantia do art. 5º, XXXIX, de que "não há crime sem lei anterior que o defina, nem pena sem prévia cominação legal".

*9.* O princípio da legalidade constitui garantia não só do direito de propriedade, inviolável nos termos do *caput* do art. 5º e do seu inciso XXII, como também do princípio da liberdade econômica, da livre iniciativa ou da liberdade de empresa – reconhecido como fundamento da República Federativa do Brasil logo no art. 1º da CF e como fundamento da ordem econômica no art. 170 – princípio, este, do qual é corolário o princípio da liberdade de contratar, que é também direito fundamental.

*10.* Liberdade significa alternativa de comportamentos, porque a liberdade de contratar consiste na garantia de que as opções alternativas no terreno do direito privado tenham como únicas consequências tributárias aquelas que resultam taxativamente da lei – princípio da tipicidade –, com exclusão de quaisquer outras.

*11.* O fato de o princípio da legalidade constituir garantia individual faz com que ele seja objeto de "reserva de Constituição originária", que exclui a competência de reforma do constituinte derivado. O § 4º do art. 60 da CF é claro ao estabelecer que os direitos e garantias individuais (como os princípios da legalidade da tributação e da liberdade de contratar) incluem-se entre os limites materiais ao poder de emenda constitucional, de tal modo que nem sequer por emenda constitucional poderiam ser objeto de disciplina restritiva. Se não podem sequer ser objeto de medida restritiva por emenda constitucional, muito menos o podem por lei complementar; e por isso a Lei Complementar 104/2001 se manteve dentro dos lindes constitucionais ao restringir as hipóteses de desconsideração aos casos de atos simulados, contendo uma "cláusula antissimulação", e não uma "cláusula antielisão".

*12.* No que concerne ao princípio da legalidade, o papel da lei complementar restringe-se ao de regular as limitações constitucionais ao poder de tributar, nos termos do art. 146 da CF; regulação, esta, que, portanto, não pode ter qualquer alcance restritivo dos direitos dos contribuintes. Ainda sob este ângulo, a Medida Provisória 66/2002 é redondamente inconstitucional, já que a matéria de limitações ao poder de tributar é de competência exclusiva de lei complementar, e, de harmonia com o art. 62, § 1º, III, da CF, "é vedada a edição de medidas provisórias sobre matéria: (...) III – reservada a lei complementar; (...)".

*13.* É, na verdade, aberrante o sistema que a Medida Provisória 66/2002 pretende inovatoriamente instaurar. A tributação por analogia de atos válidos, não praticados com dolo, fraude ou simulação, representa, na verdade, tributar um negócio que não se realizou, mas que hipoteticamente teria sido realizado se os sujeitos não tivessem optado pela alternativa negocial efetivamente adotada.

*14.* Trata-se de tributar um "ato hipotético", um "não ato" ou um ato por ficção legal. Pretende-se tributar um negócio que não se fez e que nunca se quiz fazer, e o qual coincidirá na prática, inexoravelmente, com o modelo alternativo mais oneroso que o Fisco impõe às partes para atingir os seus propósitos negociais, o que anula a liberdade dos cidadãos de se organizarem e agirem da forma fiscalmente menos onerosa que a lei prevê.

*15.* Não se pode perder de vista, do ponto de vista político, que a doutrina da cláusula geral antielisiva ou do abuso de forma foi inspirada e mereceu o aplauso das ditaduras nazifascistas. Assim sucedeu com a doutrina do abuso das formas da lei alemã, inspirada pelo ideólogo nazista Enno Becker; assim sucedeu com a lei francesa de 1941 do marechal Petain; assim sucedeu com a lei espanhola da fraude à lei do ditador Francisco Franco; e assim sucedeu com a lei argentina de 1946 de Perón.

*16.* Ora, é nestes modelos ideológicos repudiados pela História e incompatíveis com o Estado de Direito que se pretende instaurar uma "ditadura fiscal" que permite ao Fisco tributar, ao seu capricho e arbítrio, atos juridicamente lícitos e verdadeiros, submetendo o cidadão ao vexame de um poder inquisitorial que lhe permite ser indagado por que fez uma venda e não uma permuta, por que fez um depósito e não um empréstimo, por que fez um aumento de capital e não uma compra e venda, por que fez uma cisão e não uma dissolução, por que emitiu uma debênture e não uma parte beneficiária, e assim por diante.

*17.* Que resta da liberdade civil de contratação, da liberdade econômica de organização e da propriedade dos bens legitimamente adquiridos? E em mãos de quem fica esse poder de pesquisar, devassar, investigar e apreciar as razões que levam o cidadão a seguir um caminho em vez de outro?

*18.* O clima de terror fiscal que um sistema dessa natureza inevitavelmente introduz é incompatível com a segurança jurídica, essencial ao Estado de Direito e à economia de mercado, pois sem ela é impossível a expressão da livre iniciativa, que requer segurança e liberdade, sem as quais não há propriedade nem planejamento empresarial possível.

*19.* Tal sistema significa a morte do princípio da legalidade tributária e retrocesso inaceitável no caminho da construção de uma sociedade em que as liberdades civis e políticas assegurem os valores da personalidade, a propriedade e a economia de mercado.

*20.* Terminamos este artigo com um apelo a todos os juristas para que unam seus esforços no sentido de que as disposições dos arts. 13 a 19 da Medida Provisória 66/2002, de inspiração totalitária e autocrática e incompatíveis com a medula de um Estado de Direito, sejam erradicados pelo Poder Legislativo e pelo Poder Judiciário da ordem jurídica brasileira, onde em má hora se tentaram infiltrar pela via espúria e abusiva de medida provisória afrontosamente inconstitucional quanto à forma e quanto ao fundo.

### *3.3 Ampliação da possibilidade de desconsideração*

A norma geral antielisão, tal como introduzida no Código Tributário Nacional pela Lei Complementar 104/2001, autoriza a desconsideração de atos ou negócios jurídicos praticados com a finalidade de *dissimular* a ocorrência do fato gerador do tributo ou a natureza dos elementos constitutivos da obrigação tributária, observados os procedimentos a serem estabelecidos em lei ordinária.

Com a Medida Provisória 66/2002 pretendeu o Governo Federal a ampliação da possibilidade de desconsideração, estabelecendo:

> Art. 14. São passíveis de desconsideração os atos ou negócios jurídicos que visem a reduzir o valor de tributo, a evitar ou a postergar o seu pagamento ou a ocultar os verdadeiros aspectos do fato gerador ou a real natureza dos elementos constitutivos da obrigação tributária.
>
> § 1º. Para a desconsideração de ato ou negócio dever-se-á levar em conta, entre outras, a ocorrência de: I – falta de propósito negocial; ou II – abuso de forma.
>
> § 2º. Considera-se indicativo de falta de propósito negocial a opção pela forma mais complexa ou mais onerosa, para os envolvidos, entre duas ou mais formas para a prática de determinado ato.
>
> § 3º. Para o efeito do disposto no inciso II do § 1º considera-se abuso de forma jurídica a prática de ato ou negócio jurídico indireto que produza o mesmo resultado econômico do ato ou negócio jurídico dissimulado.

Como se vê, enquanto a regra estabelecida no parágrafo único do art. 116, introduzida no CTN pela Lei Complementar 104/2001, autoriza a desconsideração de "atos ou negócios jurídicos praticados com a finalidade de dissimular a ocorrência do fato gerador do tributo ou a natureza dos elementos constitutivos da obrigação tributária", a regra acima transcrita, da Medida Provisória 66/2002, autoriza a desconsideração dos "atos ou negócios jurídicos que visem a reduzir o valor de tributo, a evitar ou a postergar o seu pagamento". E indica a falta de propósito negocial e o abuso de forma apenas de modo exemplificativo. Deixa claro, portanto, que a desconsideração está autorizada pelo simples fato de haver o contribuinte, com o ato ou negócio jurídico praticado, obtido economia de tributo ou vantagem fiscal.

Essa ampliação da possibilidade de desconsideração de atos ou negócios jurídicos – vale dizer: ampliação do alcance da norma geral antielisão –, porém, não subsiste em nosso ordenamento jurídico. A desconsideração de atos ou negócios jurídicos com a finalidade de cobrar tributo só será possível nos termos do parágrafo único do art. 116 do CTN, e com a observância do procedimento a ser para esse fim estabelecido por lei ordinária.

Para que a autoridade administrativa possa desconsiderar um ato ou negócio jurídico com fundamento no parágrafo único do art. 116 do CTN não basta que o contribuinte, com o ato ou negócio jurídico em questão, tenha auferido vantagem fiscal. É preciso que tenha havido *dissimulação*. Com razão Fábio Junqueira de Carvalho e Maria Inês Murgel quando, ao término de bem-elaborado texto sobre o tema, escreveram:

> Concluindo, a norma criada pelo legislador complementar, e que alterou o art. 116 do CTN, não permite que a autoridade administrativa desconsidere os atos e negócios jurídicos do contribuinte pelo fato de o mesmo ter auferido, mediante a realização destes atos, uma economia tributária. Deve a Fiscalização caracterizar o ato praticado com dissimulação, indicando de forma clara e expressa todos os requisitos estipulados pela lei ordinária que deverá ser publicada, bem como demonstrar a utilização de uma norma de cobertura. Caso não cumpra estas formalidades, não estará atendido o estipulado pelo art. 116 do CTN, e, por conseguinte, não poderá desconsiderar o negócio jurídico realizado pelo contribuinte.[11]

Realmente, o contribuinte pode praticar atos ou negócios jurídicos com o propósito de evitar ou reduzir tributo. Desde que não tenha praticado dissimulação, sua conduta é válida, e não pode haver desconsideração de seus atos ou negócios com invocação da norma geral antielisão, residente no parágrafo único do art. 116 do CTN. Para que se justifique a desconsideração é necessário tenha havido dissimulação.

A questão que se coloca, então, consiste em saber o que quer dizer "dissimular". Ou, em outras palavras: a questão que se coloca consiste em saber qual é a conduta do contribuinte que pode ser considerada como dissimulação.

### *3.4 Procedimento específico a ser estabelecido em lei*

Por outro lado, a desconsideração de atos ou negócios jurídicos pela autoridade da Administração Tributária ainda não é possível, à míngua do procedimento específico para esse fim, que ainda não foi estabe-

11. Fábio Junqueira de Carvalho e Maria Inês Murgel, "Da desconsideração de atos ou negócios jurídicos pela autoridade administrativa", in Valdir de Oliveira Rocha (coord.), *O Planejamento Tributário e a Lei Complementar 104*, São Paulo, Dialética, 2001, p. 84.

lecido. É que a regra do parágrafo único do art. 116 do CTN o exige expressamente.

Não se diga que a desconsideração de atos ou negócios jurídicos pode ocorrer no procedimento ordinário de constituição e exigência do crédito tributário, vale dizer, no procedimento de lançamento do tributo. A regra que instituiu em nosso sistema jurídico a possibilidade de desconsideração de atos ou negócios jurídicos praticados com a finalidade de dissimular a ocorrência do fato gerador do tributo ou a natureza dos elementos constitutivos da obrigação tributária é expressa e clara ao determinar que sejam "observados os procedimentos a serem estabelecidos em lei ordinária". A expressão "a serem estabelecidos" em lei ordinária deixa fora de dúvida a necessidade de lei ordinária que estabeleça um procedimento até então inexistente.

Ocorre que o Fisco, inconformado com a ausência de procedimento específico para desconsideração de atos ou negócios jurídicos, passou a agir arbitrariamente, tratando como infração as condutas que, mesmo lícitas, implicam evitar ou reduzir tributo.

## 4. *Ação do Fisco na ausência do procedimento*

### *4.1 Tratamento da elisão como infração à lei tributária*

Na ausência de procedimento administrativo específico a ser adotado para a prática da desconsideração dos atos ou negócios tidos como configuradores da elisão, passou esta a ser tratada pelo Fisco como infração da lei tributária, pura e simplesmente. Assim, diante de qualquer situação de fato que a autoridade da Administração Tributária, especialmente no âmbito federal, considera configurar uma elisão passou a ser lavrado auto de infração e iniciado o procedimento administrativo de lançamento.

Essa prática, porém, é inteiramente inadmissível, porque a regra jurídica encartada em nosso ordenamento para autorizar a desconsideração de atos ou negócios jurídicos pela autoridade administrativa tratou a elisão como situação peculiar e estabeleceu procedimento específico a ser adotado pela autoridade quando a considere configurada. Procedimento diverso do já existente para a determinação do crédito tributário em face de situação considerada pela autoridade como infração da lei tributária. Sobre o assunto, aliás, já escrevemos:

Com efeito, no Projeto enviado ao Congresso Nacional pelo Poder Executivo, a norma que a final converteu-se no parágrafo único do art. 116 do TN tinha redação um pouco diferente. Em vez de referir-se a procedimentos a serem estabelecidos em lei ordinária, fazia referência, em sua parte final, a procedimentos estabelecidos em lei.

Qual seria o significado efetivo dessa mudança?

Primeiro, ficou claro que a lei disciplinadora dos procedimentos é a ordinária. Isso, porém, já estava implícito, até porque uma referência a lei, sem qualificação, já induz essa ideia. Seja como for, ficou afastada qualquer dúvida quanto à espécie normativa na qual devem estar previstos os procedimentos a serem adotados pela autoridade administrativa para a desconsideração de atos ou negócios jurídicos praticados com a finalidade de dissimular a ocorrência do fato gerador do tributo ou a natureza dos elementos constitutivos da obrigação tributária.

Segundo, ficou claro também que não se trata de nenhum procedimento já previsto em lei, mas de procedimentos especificamente destinados a viabilizar a prática da atividade administrativa de desconsideração dos referidos atos ou negócios jurídicos. A expressão "a serem estabelecidos" o diz claramente.

Como consequência, tem-se que a vigência da norma do parágrafo único do art. 116 do CTN, com redação dada pela Lei Complementar 104, somente será plena quando entrar em vigor a lei ordinária na mesma referida. É uma norma cuja aplicação depende da disciplina, em lei ordinária, dos procedimentos a serem observados pela autoridade administrativa.[12]

A atitude da Administração Tributária Federal diante da não conversão em lei, pelo Congresso Nacional, dos dispositivos da Medida Provisória 66/2002, em vez de favorecer o contribuinte, resultou em grave prejuízo deste, porque, além de não evitar a exigência de tributo diante do que possa ser considerado uma elisão, deixou de lhe reconhecer o direito de pagar o tributo em questão sem acréscimo de penalidades. Sobre este ponto também já escrevemos:

A não aprovação, pelo Congresso Nacional, dos dispositivos da Medida Provisória 66, de 29.8.2002, terminou sendo desastrosa para os contribuintes. A reação da Receita Federal foi no sentido de desconsiderar atos e negócios jurídicos que entende serem praticados para dissimular ocorrência de fato gerador de tributo ou a natureza de elementos constitutivos da obrigação tributária, mediante a lavratura de auto de infração, pura e simplesmente.

---

12. Hugo de Brito Machado, *Comentários ao Código Tributário Nacional*, 2ª ed., vol. II, São Paulo, Atlas, 2008, pp. 353-354.

> Tivessem sido aprovados os dispositivos da Medida Provisória 66/2002, que cuidavam do procedimento de desconsideração de atos ou negócios jurídicos, uma vez praticada a desconsideração, depois de exercido o direito de defesa pelo contribuinte, seria este cientificado do despacho da autoridade competente, e a partir de então teria o prazo de 30 dias "para efetuar o pagamento dos tributos acrescidos de juros e multa de mora". [*Medida Provisória 66, de 29.8.2002, art. 17, § 2º*] Rejeitados, como foram, os dispositivos instituidores do procedimento específico para a desconsideração de atos ou negócios jurídicos, a desconsideração está sendo praticada mediante a simples lavratura de auto de infração, do que resulta a imposição da penalidade própria do lançamento de ofício, podendo até ser o contribuinte acusado do cometimento de crime contra a ordem tributária.
>
> O comportamento das autoridades da Administração Tributária em tais casos consubstancia mais uma demonstração de que o Fisco não tem nenhum respeito pelo Direito, preocupa-se apenas com a arrecadação.[13]

Essa atitude do Fisco, passando a considerar infração à lei tributária o que seria apenas uma elisão, ganhou expressão especialmente em relação à prestação de serviços por pessoas jurídicas, que autoridades da Administração Tributária entendiam como forma de fugir ao imposto de renda de pessoas físicas. Exemplo típico dessa atitude deu-se em relação a um conhecido treinador de futebol que havia constituído uma sociedade de prestação de serviços de sua especialidade mas, ao firmar contrato com determinado clube, fez constar cláusula segundo a qual determinados serviços seriam prestados pessoalmente pelo referido treinador.

## *5. Manifestação de Everardo Maciel e Ives Gandra Martins*

### *5.1 Quanto às várias questões suscitadas pela norma geral antielisão*

A propósito de vários aspectos da norma geral antielisão de que trata o parágrafo único do art. 116 do CTN, abordando as várias questões por ela suscitadas, Everardo Maciel e Ives Gandra da Silva Martins, em fevereiro/2007 escreveram:

> Foi incluída na discussão do projeto de lei conformador da denominada Super-Receita emenda proposta por parlamentares e aprovada pela Câmara dos Deputados sobre a impossibilidade de desconsideração da pessoa jurídica por atos de auditor fiscal da Receita Federal.

13. Idem, pp. 358-359.

A emenda, na verdade, apenas reitera aquilo que – desde a sistematização do direito tributário brasileiro, com as discussões do Anteprojeto do Código Tributário Nacional (década de 1950 e princípios de 1960), Emenda Constitucional 18/1965 e promulgação da Lei 5.172/1966 – os pais do atual sistema tributário já entendiam ser de impossível adoção.

Estudos, livros, simpósios, congressos, foram realizados, com a presença dos melhores especialistas na área, nas décadas de 1960 a 1990, todos eles hospedando o princípio da estrita legalidade, ou seja: em matéria tributária, a lei deve conter a totalidade dos aspectos impositivos, não se permitindo flexibilidade exegética, interpretação analógica ou interpretação extensiva com a finalidade de alargar o campo da tributação para além da definição legal. A lei deve conter, por inteiro, a hipótese de imposição. Ao Estado tudo é permitido dentro da lei, nada fora dela. À espada da imposição governamental cabe a defesa do contribuinte mediante o escudo da lei. A Constituição de 1988, em seu art. 150, I, reiterou que, no campo tributário, a legalidade já prevista no art. 5º implica a tipicidade fechada, inextensível, inelástica no que diz respeito à exigência fiscal.

Em 2000 um dos autores deste artigo sugeriu ao Presidente da República que enviasse ao Congresso Nacional projeto de lei complementar incluindo no art. 116 do CTN norma prevendo autorização para que a autoridade fiscal pudesse adotar práticas desconsiderativas, condicionada à edição de lei ordinária estabelecendo procedimentos precisos a serem seguidos pela Administração. Tal Projeto veio a ser aprovado, convertendo-se na Lei Complementar 104/2000.

Desconsideração, no campo do Direito, é desprezar a forma jurídica adotada para a constituição de uma determinada relação, impondo outra.

Imediatamente, órgãos de classe com legitimidade ativa junto ao STF ingressaram com ação direta de inconstitucionalidade em face dessa norma, que permite o alargamento das hipóteses impositivas, não tendo a Suprema Corte, até o presente momento, apreciado a ação.

Ainda no Governo anterior, editou o Presidente da República a Medida Provisória 66, cujos arts. 13 a 19 previam os procedimentos a que se referia a Lei Complementar 104. Porém, o Congresso Nacional, ao converter a medida provisória, rejeitou os arts. 13 a 19. Desta forma, inexiste lei instituindo o procedimento administrativo a ser seguido pela Administração para a adoção de práticas desconsiderativas, o que implica permanecer sem eficácia a Lei Complementar 104/2000.

O fato, todavia, de, apesar de não ter sido veiculada a lei ordinária, as Fiscalizações terem principiado a desconsiderar atos e pessoas jurídicas, como se lei houvesse, levou o Congresso a veicular o art. 129 da denominada "Medida Provisória do Bem", com a seguinte dicção: "Para fins fiscais e previdenciários, a prestação de serviços intelectuais, inclusive os de natureza científica, artística ou cultural, em caráter personalíssimo ou não, com ou sem a designação de quaisquer obrigações a sócios ou empregados da sociedade prestadora de serviços, quando por esta realizada, se sujeita tão somente à legislação aplicável às pessoas jurídicas, sem prejuízo da observância do disposto no art. 50 da Lei n. 10.406, de 10 de janeiro de 2002 – Código Civil".

Referida norma já veda, proíbe, interdita, que a Fiscalização desconsidere atos e pessoas jurídicas, empresas, a pretexto de que deveriam ser tributadas como se fossem pessoas físicas.

Apesar da clareza da lei, o seu descumprimento pelo Fisco da União continuou, fazendo com que o Poder Judiciário ficasse entulhado de processos tendo por objeto questões que sequer deveriam ter surgido. Não sem razão, os magistrados atribuem a lentidão do Poder Judiciário ao fato de que em torno de 70% de todas as ações em curso têm como parte o Poder Público.

A Emenda aprovada pelo Poder Legislativo, portanto, não foi senão uma espécie de "ordem de serviço legislativa" dirigida aos auditores fiscais para que cumpram a lei já existente e não autuem as pessoas jurídicas prestadoras de serviços como se pessoas físicas fossem. Até porque, não obstante autuadas pela Fiscalização Federal, tais pessoas jurídicas continuam sendo consideradas empresas pelo Fisco Municipal, para fins de exigência do ISS. Verifica-se, assim, curiosa e esdrúxula situação: são pessoas físicas para o Fisco Federal e jurídicas para a Fiscalização Municipal.

Na verdade, o dispositivo proveniente da Emenda incluída na legislação instituidora da Super-Receita não cria nada de novo. É meramente explicitador ou pura reiteração do que já existe no sistema tributário vigente, que proíbe a Fiscalização de desconsiderar atos e pessoas jurídicas se e enquanto a legislação ordinária não estabelecer procedimento próprio para que a Administração possa fazê-lo, nos termos da Lei Complementar 104/2000.

Em linguagem acadêmica, o dispositivo é apenas um "pleonasmo enfático". Vetar tal dispositivo, portanto, como sugerido por algumas autoridades, seria um verdadeiro contrassenso.[14]

Como se vê, Everardo Maciel e Ives Gandra da Silva Martins deixam fora de dúvida o que sustentamos sobre a norma geral antielisão, neste e em outros capítulos. Teses que são da maior importância para o estudo do planejamento tributário em nosso ordenamento jurídico, e por isto mesmo vamos reproduzir, ainda que em apertada síntese.

### *5.2 Quanto à exigência de procedimento específico*

Não pode haver dúvida de que a regra introduzida no Código Tributário Nacional pela Lei Complementar 104/2000 está a depender de

14. Everardo Maciel e Ives Gandra da Silva Martins, "Desconsideração em matéria tributária", jornal *O Globo*, ed. de 1.3.2007, p. 7.

um procedimento específico para que em seus termos possa ocorrer a desconsideração de atos ou negócios jurídicos. É tese que sustentamos com absoluta segurança, até porque o dispositivo legal em referência é expresso nesse sentido e de meridiana clareza.

Mesmo assim, é importante constatarmos que, no texto acima transcrito, Ives Gandra Martins e Everardo Maciel sustentam a mesma tese, merecendo destaque o fato de que Everardo Maciel foi quem levou ao Presidente da República a ideia de introduzir em nosso ordenamento jurídico a norma geral antielisão.

**Nota de atualização:** Na decisão proferida no julgamento da ADI 2.446-DF, mencionado na nota de atualização anterior, a Ministra Carmem Lúcia faz expressa referência a essa necessidade de regulação do procedimento específico para a desconsideração de atos ou negócios jurídicos, adotando a mesma posição defendida pelo professor Hugo Machado, como se observa do seguinte trecho de seu voto:

*"A plena eficácia da norma depende de lei ordinária para estabelecer procedimentos a serem seguidos. A Medida Provisória n. 66/2002 regulamentaria, em seus arts. 13 a 19, o parágrafo único do art. 116 do Código Tributário Nacional, tendo sido, entretanto, excluídos quando da conversão na Lei n. 10.637/2002.*

*Em 2015, o tema voltou a ser tratado nos arts. 1º a 12 da Medida Provisória n. 685, dispositivos suprimidos quando da conversão da medida na Lei n. 13.202/2015.*

*Assim, o parágrafo único do art. 116 do Código Tributário Nacional pende, ainda hoje, de regulamentação."*

### 5.3 *Quanto ao princípio da estrita legalidade*

Ives Gandra Martins e Everardo Maciel também confirmam a tese que temos sustentado, e que chega a ser de existência óbvia em nosso ordenamento jurídico, segundo a qual a tributação submete-se ao princípio da estrita legalidade. Preconizam claramente, e com todas as letras, "o princípio da estrita legalidade, ou seja, em matéria tributária a lei deve conter a totalidade dos aspectos impositivos, não se permitindo flexibilidade exegética, interpretação analógica ou interpretação extensiva com a finalidade de alargar o campo da tributação para além da definição legal".

Tal princípio – insista-se neste ponto – é absolutamente incompatível com a denominada norma geral antielisão.

### *5.4 Quanto ao abuso de direito*

Também no que concerne à indicação do abuso de direito como limite da conduta lícita do contribuinte, que não pode sofrer a desconsideração de seus atos ou negócios jurídicos a pretexto de aplicação da norma geral antielisão, Ives Gandra Martins e Everardo Maciel apontam dispositivo da denominada "Medida Provisória do Bem" que proíbe a desconsideração mas faz a ressalva, vale dizer, diz que a proibição colocada deve ser entendida "sem prejuízo da observância do disposto no art. 50 da Lei 10.406, de 10 de janeiro de 2002 – Código Civil".

Realmente, o art. 50 do CC de 2002 define como ilícito o denominado abuso de direito. E com isto deixa claro que a ilicitude é mesmo, como temos afirmado, o limite entre a conduta válida e aquela que pode ser desconsiderada, porque consubstancia prática ilícita.

### *5.5 Tributo pago em face dos atos desconsiderados*

Existe ainda um aspecto relevante na aplicação da norma geral antielisão, que não tem merecido a atenção das autoridades da Administração Tributária. É que em face dos atos ou negócios jurídicos por esta desconsiderados pode ter sido pago algum tributo. Em outras palavras: a prática de um ato ou negócio jurídico tida como elisão, e por isto desconsiderado, pode ter sido geradora de algum tributo, e este ter sido pago. Em face da desconsideração desse ato ou negócio jurídico, gerador da obrigação tributária, evidentemente o tributo se tornou indevido.

É indiscutível que a desconsideração de ato ou negócio jurídico enseja para o contribuinte o direito à restituição do tributo se a obrigação tributária nasceu do ato ou negócio desconsiderado. A desconsideração do ato ou negócio jurídico, se admitida, deve ser completa na relação tributária. Não é razoável que ocorra somente na parte em que favorece a Fazenda Pública.

## *6. Utilidade prática da norma geral antielisão*

### *6.1 Contribui para evitar conflitos*

Mesmo entendendo que a denominada norma geral antielisão, introduzida no Código Tributário Nacional pela Lei Complementar 104/2000, é inconstitucional ou inútil, porque, se o planejamento tributário não invade o campo da ilicitude, a exigência de tributo é inconstitucional, porque fere o princípio da legalidade, e se o planejamento tributário invade o campo da ilicitude ocorre infração à lei tributária, e o tributo pode ser exigido com as penalidades cabíveis, mesmo assim essa norma geral antielisão tem uma utilidade prática que não pode ser ignorada.

É que a fronteira entre a licitude e a ilicitude está demarcada pelo abuso de direito, e na prática é sempre problemático dizer o que efetivamente o configura. Assim, algo que o Fisco considera abuso de direito e, portanto, enseja a lavratura de auto de infração, porque está no terreno da ilicitude, o contribuinte pode considerar que não. A norma geral antielisão permite a solução dessa divergência, na medida em que enseja a possibilidade de pagamento do tributo sem penalidades.

### *6.2 Procedimento especial*

Realmente, a norma geral antielisão, definida na Medida Provisória 66/2002, permitia a disputa administrativa, com a apreciação das razões do contribuinte por órgão especializado, e a final permitia o pagamento do tributo sem penalidade, no prazo de 30 dias a partir da decisão final adotada no procedimento respectivo.

Assim, desde que estabelecido em lei ordinária o procedimento especial para esse fim, tal como previsto no parágrafo único do art. 116 do CTN, a desconsideração de atos ou negócios jurídicos ensejará a cobrança do tributo que o Fisco entender devido, e com certeza muitos contribuintes vão preferir fazer o correspondente pagamento no prazo para esse fim estabelecido, evitando-se, desta forma, grande número de ações judiciais.

A desconsideração de atos ou negócios jurídicos, como posta no dispositivo introduzido no Código Tributário Nacional pela Lei Complementar 104/2000, instaurou uma situação intermediária entre a infração à lei tributária e a prática do planejamento tributário enquanto comportamento lícito.

# *CONCLUSÕES*

Com fundamento em tudo quanto foi exposto nos capítulos precedentes, podemos firmar, com segurança, as seguintes conclusões.

No Capítulo I estudamos o Direito como sistema de normas e a importância dos conceitos, e podemos afirmar, em síntese, que: (a) o conhecimento que se adquire com a utilização exclusiva ou predominante da prática, denominado *conhecimento empírico*, não dispensa de modo nenhum o estudo da teoria; (b) no estudo do Direito, teoria e prática se completam; (c) o cuidado na utilização dos conceitos é da maior importância, sobretudo para que se possa preservar a hierarquia das diversas normas que integram o sistema jurídico; (d) no estudo do direito tributário talvez não tenha havido muito interesse pelo conhecimento dos conceitos da Teoria Geral do Direito, resultando daí a necessidade de regras veiculando as denominadas definições legais, e de regras como a que está no art. 110 do CTN, que, na verdade, é simples explicitação da supremacia constitucional; (e) a inalterabilidade dos conceitos utilizados na Constituição resulta simplesmente da necessidade de se fazer efetiva a supremacia constitucional; (f) o Direito é um sistema de normas que necessita de critérios para a superação de eventuais antinomias, entre os quais se destaca o critério hierárquico; (g) a liberdade que decorre da imprecisão ou vaguidade de alguns conceitos utilizados na elaboração da lei tributária não se confunde com a liberdade decorrente do denominado poder discricionário, e por isto mesmo a atividade da autoridade administrativa no lançamento e na cobrança dos tributos não deixa de ser plenamente vinculada mesmo quando existam conceitos vagos ou imprecisos na lei que é obrigada a aplicar; (h) não obstante as diversas críticas doutrinárias à definição de lançamento tributário constante do art. 142 e seu parágrafo único do CTN, certo é que, uma vez ocorrido o fato gerador do tributo, a autoridade administrativa competente tem o dever indeclinável de fazer o lançamento, com a determinação do valor do tributo nos termos da lei; (i) a preservação do princípio da legalidade implica sérias dificuldades no trato de certas figuras jurídicas, tais como o abuso de direito, o abuso de formas jurídicas, a dissimulação, a simulação, a economia de impostos, a engenharia tributária, a fraude fiscal, a elisão, a evasão, e muitas outras.

No Capítulo II estudamos alguns conceitos relacionados ao planejamento tributário, e podemos afirmar, em síntese, que: (a) a maioria das divergências doutrinárias decorre da utilização inadequada de conceitos da teoria jurídica; (b) no que concerne ao abuso do direito, de difícil definição, toda a questão reside em saber quando ele ocorre, isto é, quando o titular de um direito excede manifestamente os limites impostos pelo seu fim econômico ou social, pela boa-fé e pelos bons costumes, e por isto mesmo pode-se considerar que a norma geral antielisão é útil ao permitir a desconsideração de atos ou negócios jurídicos sem questionamento a respeito da ilicitude destes; (c) no que diz respeito à dissimulação, a verdadeira questão consiste em saber se esta implica ocultação ou deformação de fatos, enquanto elementos do mundo fenomênico, ou do significado jurídico de fatos, porque se diz respeito a fatos não há dúvida de que implica ingressar na ilicitude, que autoriza a desconsideração não apenas para efeitos tributários, mas para todos os efeitos jurídicos; (d) quanto à simulação, não há dúvida de que esta consiste em fingir algo que na verdade não existe, aplicando-se também a ela o que se disse a respeito da dissimulação; (e) na Teoria do Direito Tributário o uso desses conceitos e dos conceitos de "economia de imposto", "elisão", "evasão", "elusão", "engenharia tributária", entre outros, chega a confundir o estudioso, que reclama doutrina menos complicada; (f) assim, preferimos ficar apenas com os conceitos de "fraude" e "planejamento tributário" e definir *fraude* como a supressão ou alteração de elementos do mundo fenomênico, que configura ilícito e justifica a exigência do tributo com acréscimo da penalidade legalmente prevista para o caso, e *planejamento tributário* como a organização das atividades das pessoas ou da empresa de modo a suportar o menor ônus tributário possível, sem nenhuma ilicitude. E concluímos que evitar o planejamento tributário é um problema do legislador, e não do aplicador da lei tributária.

No Capítulo III estudamos o direito ao planejamento tributário e sustentamos que em nosso sistema jurídico existe, sim, o direito subjetivo de todos ao planejamento tributário. Neste sentido, podemos afirmar, em síntese, que: (a) a existência, no Brasil, de fundamento jurídico para o planejamento tributário é indiscutível; (b) a vigente Constituição Federal assegura a livre iniciativa econômica e a estrita legalidade tributária, enquanto o Código Tributário Nacional veda, expressa e claramente, a tributação por analogia; (c) o propósito negocial está presente em toda e qualquer atividade econômica e justifica a opção pelas formas jurídicas menos onerosas, inclusive do ponto de vista tributário; (d) para que o princípio da legalidade tributária alcance sua finalidade como instrumento protetor da segurança jurídica exige-se que seja observada a tipicidade, que não é um princípio autônomo, mas a própria expressão do princípio da legalidade tributária; (e) as exceções ao princípio da legalidade são previstas na Constituição Federal e não podem ser ampliadas pelo legislador ordinário; dizem respeito aos tributos ditos flexíveis e se destinam apenas a permitir que esses tributos alcancem suas finalidades essenciais; (f) insistimos na inadmissibilidade da tributação por analogia e na conclusão de que evitar o planejamento tributário é um problema do legislador, sendo da maior relevância, então, a questão de saber qual é o sentido da denominada *norma geral antielisão*.

No Capítulo IV examinamos planejamento e ilícito tributário, e sustentamos ser importante a distinção entre o fato, como elemento do mundo fenomênico, e seu significado jurídico, porque é essa distinção que nos permite saber o que é fraude como espécie de ilícito. Como conclusão do que estudamos, temos, em síntese, que: (a) o propósito exclusivamente tributário coincide em tudo com o denominado propósito negocial, e a empresa pode, sim, fazer seu planejamento tributário com o propósito de excluir ou reduzir tributo sem que, com isto, ingresse no campo da ilicitude; (b) a ausência de um propósito extratributário, por si só, não pode ser considerada abuso de direito; (c) mesmo considerando que o abuso de direito é ilícito, persiste a dificuldade de definirmos quando está presente esse abuso; (d) o erro de direito não configura fraude, nem pode ser considerado crime contra a ordem tributária, embora constitua ilícito tributário; (e) para a adequada compreensão do que seja o ilícito em matéria tributária é importante uma incursão no direito penal, com o exame do tipo no crime contra a ordem tributária, que tem como um elemento essencial a fraude, que consiste na ocultação ou deformação de elementos do mundo fenomênico; (f) destaca-se, então, a importância da distinção entre a situação na qual ocorre um erro de direito e aquela na qual o contribuinte manipula fatos, que oculta ou deforma, para excluir ou reduzir o tributo; (g) nesse contexto coloca-se novamente a questão de saber o que configura abuso do direito, e estamos certos de que é praticamente impossível definirmos a fronteira entre um e outro, embora diante de casos concretos seja relativamente fácil afirmar a presença ou a ausência do abuso de direito que configura a ilicitude; (h) assim, a norma geral antielisão pode ser útil.

No Capítulo V, o último, estudamos a norma geral antielisão no ordenamento jurídico brasileiro, e podemos firmar, em síntese, as seguintes conclusões: (a) na legislação tributária brasileira existem vários dispositivos que somente se justificam como forma de evitar o planejamento tributário capaz de afastar a incidência de determinado imposto, a demonstrar que evitar o planejamento tributário realmente é um problema do legislador; (b) a novidade em nosso ordenamento jurídico é a introdução da denominada *norma geral antielisão*, que seria destinada a evitar o planejamento tributário em relação aos tributos em geral; (c) na vigência do antigo imposto sobre vendas e consignações, aliás, sempre foi ponto pacífico o entendimento de que o imposto não incidia apenas nas vendas e consignações, mas sobre todo e qualquer negócio jurídico de efeitos equivalentes; (d) com o advento do ICMS optou-se pela definição da hipótese de incidência tributária mediante referência não a atos ou negócios jurídicos, mas aos efeitos destes no mundo dos fatos econômicos, como o próprio nome do imposto indica claramente;[1] (e) não há dúvida de que ao legislador cabe, ao definir a hipótese de incidência tributária, fazer referência a fatos da vida econômica, evitando prender-se a atos e fatos jurídicos, porque assim torna desnecessária a desconsideração de atos e negócios jurídicos como forma de evitar o planejamento tributário; (f) mesmo assim, ao que parece seguindo tendência existente em outros Países, o legislador introduziu em nosso ordenamento jurídico a denominada *norma geral antielisão*, objeto deste nosso estudo; (g) realmente, com a Lei Complementar 104, de 10.1.2001, foi introduzido o parágrafo único ao art. 116 do CTN, estabelecendo que a autoridade administrativa pode desconsiderar atos ou negócios jurídicos praticados com a finalidade de dissimular a ocorrência do fato gerador do tributo ou a natureza dos elementos constitutivos da obrigação tributária, observados os procedimentos a serem estabelecidos em lei ordinária; (h) essa norma geral antielisão é inconstitucional, se interpretada de forma a amesquinhar o princípio da legalidade tributária, ou inútil, se interpretada sem violência ao princípio da legalidade, pois o Fisco tem desconsiderado atos que entende haverem sido praticados com abuso de poder, vale dizer, com incursão no terreno da ilicitude; (i) seja como for, a desconsideração do ato ou negócio jurídico pela autoridade administrativa há de ser sempre devidamente fundamentada, sem o quê

1. **N.A.** A Emenda Constitucional nº 132, de 20 de dezembro de 2023, prevê a extinção do ICMS, e que lei complementar deverá instituir o Imposto sobre Bens e Serviços – IBS, de competência compartilhada entre Estados, Distrito Federal e Municípios (art. 156-A).

será flagrantemente inconstitucional; (j) outro ponto indiscutível é a necessidade de um procedimento administrativo, a ser estabelecido em lei ordinária, para que possa a autoridade administrativa desconsiderar atos ou negócios jurídicos para o fim de cobrar tributo; (k) absolutamente inadmissível é a atitude que o Fisco, inconformado com a não conversão em lei de dispositivos da Medida Provisória 66/2002 que estabeleciam procedimento para a desconsideração de atos e negócios jurídicos (arts. 13 a 16 da Medida Provisória 66/2002), vem adotando, com a lavratura de autos de infração em situações que apenas poderiam ensejar a desconsideração de atos ou negócios jurídicos; (l) mesmo entendendo que a norma geral antielisão é inconstitucional ou inútil, temos de reconhecer sua grande utilidade como instrumento para evitar litígios na relação Fisco/ contribuinte; (m) realmente, naqueles casos nos quais seja difícil a delimitação de uma fronteira entre o lícito e o ilícito, a norma geral antielisão pode ser útil como instrumento de ordem prática, para evitar conflitos entre o Fisco e o contribuinte; (n) como é impossível evitar que na relação tributária surjam situações nas quais a fronteira entre o lícito e o ilícito é de determinação praticamente impossível, a norma geral antielisão pode ser de grande utilidade na medida em que permita a cobrança do tributo sem acréscimo de penalidade, evitando-se um litígio que poderá ocupar espaços consideráveis no Poder Judiciário e implicar grande demora até que seja alcançada sua solução definitiva.

# *BIBLIOGRAFIA*

ABRAHAM, Marcus. *O Planejamento Tributário e o Direito Privado*. São Paulo, Quartier Latin, 2007.

ACADEMIA DAS CIÊNCIAS DE LISBOA. *Dicionário da Língua Portuguesa Contemporânea*. Lisboa, Verbo, 2001.

AMARO, Luciano. *Direito Tributário Brasileiro*. 4ª ed. São Paulo, Saraiva, 1999; 9ª ed. São Paulo, Saraiva, 2003.

ANAN JR., Pedro (coord.). *Planejamento Fiscal*. São Paulo, Quartier Latin, 2009.

ATALIBA, Geraldo, CARVALHO, Paulo de Barros, e SOUSA, Rubens Gomes de. *Comentários ao Código Tributário Nacional*. São Paulo, EDUC/Ed. RT, 1975.

ÁVILA, Humberto. "Contribuições na Constituição Federal de 1988". In: MACHADO, Hugo de Brito (coord.). *As Contribuições no Sistema Tributário Brasileiro*. São Paulo/Fortaleza, Dialética/ICET, 2003.

________. "Legalidade tributária multidimensional". In: FERRAZ, Roberto (coord.). *Princípios e Limites da Tributação*. São Paulo, Quartier Latin, 2005 (pp. 279-291).

BALEEIRO, Aliomar. *Direito Tributário Brasileiro*. 10ª ed. Rio de Janeiro, Forense, 1993.

BANDEIRA DE MELLO, Celso Antônio. *Curso de Direito Administrativo*. 30ª ed. São Paulo, Malheiros Editores, 2013; 34ª ed., 2019.

BECKER, Alfredo Augusto. *Teoria Geral do Direito Tributário*. São Paulo, Saraiva, 1963.

BIELSA, Rafael. *Los Conceptos Jurídicos y su Terminología*. 3ª ed. Buenos Aires, Depalma, 1987.

BILBAO, Antonio J. *Como Pagar Menos Impuestos*. Barcelona, Bruguera, 1981.

BOBBIO, Norberto. *Teoria do Ordenamento Jurídico*. 4ª ed., trad. de Maria Celeste Cordeiro Leite Santos. Brasília, Ed. UnB, 1994.

BONAVIDES, Paulo. *Curso de Direito Constitucional*. 28ª ed. São Paulo, Malheiros Editores, 2013; 34ª ed., 2019.

BORGES, Humberto Bonavides. *Planejamento Tributário – IPI, ICMS e ISS*. 4ª ed. São Paulo, Atlas, 1998.

BUENO, Silveira. *Minidicionário da Língua Portuguesa*. São Paulo, FTD, 1996.

CAMPOS, Cândido H. *Planejamento Tributário*. 2ª ed. São Paulo, Atlas, 1985.

CAMPOS, Dejalma de. "Dimensão jurídica do tributo". In: TAVOLARO, Agostinho Toffoli, BRANDÃO MACHADO, e MARTINS, Ives Gandra da Silva (orgs.). *Princípios Tributários no Direito Brasileiro e Comparado – Estudos em Homenagem a Gilberto de Ulhoa Canto*. Rio de Janeiro, Forense, 1988 (pp. 185-186).

CANARIS, Claus-Wilhelm. *Pensamento Sistemático e Conceito de Sistema na Ciência do Direito*. 2ª ed., trad. de A. Menezes Cordeiro. Lisboa, Fundação Calouste Gulbenkian, 1996.

CARRAZZA, Roque Antônio. *Curso de Direito Constitucional Tributário*. 29ª ed. São Paulo, Malheiros Editores, 2013; 32ª ed., 2019.

CARVALHO, Cristiano. "Breves considerações sobre elisão e evasão fiscais". In: PEIXOTO, Marcelo Magalhães (coord.). *Planejamento Tributário*. São Paulo, Quartier Latin, 2004.

CARVALHO, Paulo de Barros. *Curso de Direito Tributário*. 13ª ed. São Paulo, Saraiva, 2000; 15ª ed. São Paulo, Saraiva, 2003.

________. *Teoria da Norma Tributária*. 2ª ed. São Paulo, Ed. RT, 1981.

________, ATALIBA, Geraldo, e SOUSA, Rubens Gomes de. *Comentários ao Código Tributário Nacional*. São Paulo, EDUC/Ed. RT, 1975.

CIANCIARDO, Juan. "Princípios e regras: uma abordagem a partir dos critérios de distinção". In: FERRAZ, Roberto (coord.). *Princípios e Limites da Tributação*. São Paulo, Quartier Latin, 2005.

COELHO, José Washington. *Código Tributário Nacional Interpretado*. Rio de Janeiro, Edições Correio da Manhã, 1968.

COÊLHO, Sacha Calmon Navarro. *Curso de Direito Tributário*. 2ª ed. Rio de Janeiro, Forense, 1999.

________. *Teoria e Prática das Multas Tributárias*. Rio de Janeiro, Forense, 1992.

CORRÊA, Sérgio Feltrin. *Código Tributário Nacional Comentado*. São Paulo, Ed. RT, 1999.

CREPALDI, Silvio. *Planejamento Tributário – Teoria e Prática*. 2ª ed. São Paulo, Saraiva, 2017.

DI PIETRO, Adriano. *L'Elusione Fiscale nell'Esperienza Europea*. Milão, Dott. A. Giuffrè, 1999.

DI PIETRO, Maria Sylvia Zanella. *Direito Administrativo*. 11ª ed. São Paulo, Atlas, 1999.

DINIZ, Maria Helena. *Dicionário Jurídico*. vol. 1. São Paulo, Saraiva, 1998; vol. 2. São Paulo, Saraiva, 1998; vol. 3. São Paulo, Saraiva, 1988.

ENTERRÍA, Eduardo García de. *La Constitución como Norma y el Tribunal Constitucional*. Madri, Civitas, 1991.

________, e FERNÁNDEZ, Tomás-Ramón. *Curso de Direito Administrativo*. Trad. de Arnaldo Setti. São Paulo, Ed. RT, 1991.

FABRETTI, Láudio Camargo. *Código Tributário Nacional Comentado*. 3ª ed. São Paulo, Atlas, 2001.

FAVEIRO, Vitor. *A Forma Jurídica dos Factos Tributários*. Lisboa, Ministério das Finanças, 1963.

FERNÁNDEZ, Tomás-Ramón, e ENTERRÍA, Eduardo García de. *Curso de Direito Administrativo*. Trad. de Arnaldo Setti. São Paulo, Ed. RT, 1991.

FERRAZ, Roberto (coord.). *Princípios e Limites da Tributação*. São Paulo, Quartier Latin, 2005.

FERREIRA, Aurélio Buarque de Holanda. *Novo Aurélio – Dicionário da Língua Portuguesa*. Rio de Janeiro, Nova Fronteira, 1999.

________. *Novo Dicionário Aurélio da Língua Portuguesa*. 2ª ed., 24ª impr. Rio de Janeiro, Nova Fronteira, 1986.

FERREIRO LAPATZA, José Juan. *Curso de Derecho Financiero Español*. 12ª ed. Madri, Marcial Pons, 1990.

FONROUGE, Giuliani. *Derecho Financiero*. 2ª ed., vol. 1. Buenos Aires, Depalma, 1970.

FONTÁN BALESTRA, Carlos. *Tratado de Derecho Penal*. 2ª ed., t. I. Buenos Aires, Abeledo-Perrot, 1995.

FRANCO, João Melo, e MARTINS, Herlander Antunes. *Dicionário de Conceitos e Princípios Jurídicos*. 2ª ed. Coimbra, Livraria Almedina, 1988.

GOMES, Nuno de Sá. *Evasão Fiscal, Infração Fiscal e Processo Penal Fiscal*. Lisboa, Rei dos Livros, 2000.

GOYOS JR., Durval de Noronha, e outros. *Paraísos Fiscais, Planejamento Tributário Internacional*. São Paulo, Observador Legal, 1988.

GRECO, Marco Aurélio. *Planejamento Fiscal e Interpretação da Lei Tributária*. São Paulo, Dialética, 1998.

_______. *Planejamento Tributário*. São Paulo, Dialética, 2004.

GUIMARÃES, Deocleciano Torrieri. *Dicionário Compacto Jurídico*. 13ª ed. São Paulo, Rideel, 2009.

GUTIERREZ, Miguel Delgado. *Planejamento Tributário – Elisão e Evasão Fiscal*. São Paulo, Quartier Latin, 2006.

HARADA, Kiyoshi, MUSUMECCI FILHO, Leonardo, e POLIDO, Gustavo Moreno. *Crimes Contra a Ordem Tributária*. 2ª ed. São Paulo, Atlas, 2015.

HOUAISS, Antônio. *Dicionário Houaiss da Língua Portuguesa*. Rio de Janeiro, Objetiva, 2001.

HUCK, Hermes Marcelo. *Evasão e Elisão – Rotas Nacionais e Internacionais do Planejamento Tributário*. São Paulo, Saraiva, 1997.

JARDIM, Eduardo Marcial Ferreira. *Dicionário Jurídico Tributário*. 3ª ed. São Paulo, Dialética, 2000.

KELSEN, Hans. *Teoria Pura do Direito*. 3ª ed., trad. de João Baptista Machado. Coimbra, Arménio Amado Editor, 1974.

LARENZ, Karl. *Derecho Justo – Fundamentos de Ética Jurídica*. Trad. de Luis Diez Picazo. Madri, Civitas, 1993.

LEGAZ Y LACAMBRA, Luis. *Filosofía del Derecho*. 2ª ed. Barcelona, Bosch, 1961.

LIMA, Rogério, e QUEZADO, Paulo. *Sigilo Bancário*. São Paulo, Dialética, 2002.

MACHADO, Hugo de Brito. "A norma antielisão e o princípio da legalidade – Análise crítica do parágrafo único do art. 116 do CTN". In: ROCHA, Valdir de Oliveira (coord.). *O Planejamento Tributário e a Lei Complementar 104*. São Paulo, Dialética, 2001.

________. "A supremacia constitucional como garantia do contribuinte". *Revista Dialética de Direito Tributário* 68/44-60. São Paulo, Dialética, 2001.

________. *Comentários ao Código Tributário Nacional*. 2ª ed., 1ª reimpr., vol. I. São Paulo, Atlas, 2007; 2ª ed., vol. II. São Paulo, Atlas, 2008.

________. *Curso de Direito Tributário*. 19ª ed. São Paulo, Malheiros Editores, 2001; 34ª ed. São Paulo, Malheiros Editores, 2013; 40ª ed., 2019.

________. *Direitos Fundamentais do Contribuinte e a Efetividade da Jurisdição*. São Paulo, Atlas, 2009.

________. *Introdução ao Estudo do Direito*. 3ª ed. São Paulo, Atlas, 2012.

________. "Lei complementar tributária". In: MARTINS, Ives Gandra da Silva (coord.). *Lei Complementar Tributária*. São Paulo, Resenha Tributária/Centro de Estudos de Extensão Universitária, 1990.

________. *O Conceito de Tributo no Direito Brasileiro*. Rio de Janeiro, Forense, 1987.

________. "O ilícito como pressuposto essencial da penalidade e as multas por requerimento indeferido ou compensação não homologada". *Revista Dialética de Direito Tributário* 193/69-72. São Paulo, Dialética, outubro/2011.

________ (coord.). *As Contribuições no Sistema Tributário Brasileiro*. São Paulo/Fortaleza, Dialética/ICET, 2003.

MACHADO, Hugo de Brito, e MACHADO, Schubert de Farias. *Dicionário de Direito Tributário*. São Paulo, Atlas, 2011.

MAIA, José Motta, e TENÓRIO, Igor. *Dicionário de Direito Tributário*. 2ª ed. Rio de Janeiro, Forense, 1996.

MALERBI, Diva Prestes Marcondes. *Elisão Tributária*. São Paulo, Ed. RT, 1984.

MALKOWSKI, Almir. *Planejamento Tributário e a Questão da Elisão Fiscal*. São Paulo, Led, 2000.

MARINS, James. *Elisão Tributária e sua Regulação*. São Paulo, Dialética, 2002.

MARTINS, Herlander Antunes, e FRANCO, João Melo. *Dicionário de Conceitos e Princípios Jurídicos*. 2ª ed. Coimbra, Livraria Almedina, 1988.

MARTINS, Ives Gandra da Silva (coord.). *Lei Complementar Tributária*. São Paulo, Resenha Tributária/Centro de Estudos de Extensão Universitária, 1990.

MEIRELLES, Hely Lopes. *Direito Administrativo Brasileiro*. 39ª ed. São Paulo, Malheiros Editores, 2013; 43ª ed., 2018.

MELO, José Eduardo Soares de. *Curso de Direito Tributário*. São Paulo, Dialética, 1997.

MORAES, Bernardo Ribeiro de. *Compêndio de Direito Tributário*. Rio de Janeiro, Forense, 1984.

MORAES, Oswaldo de. *Dicionário de Direito Tributário Brasileiro*. São Paulo, Saraiva, 1973.

NOGUEIRA, Ruy Barbosa. *Curso de Direito Tributário*. 13ª ed. São Paulo, Saraiva, 1994.

NUNES, Pedro. *Dicionário de Tecnologia Jurídica*. vol. II. Rio de Janeiro/São Paulo, Freitas Bastos, 1974.

PACHECO, Cláudio. *Tratado das Constituições Brasileiras*. vol. III. Rio de Janeiro, Freitas Bastos, 1965.

PEIXOTO, Marcelo Magalhães (coord.). *Planejamento Tributário*. São Paulo, Quartier Latin, 2004.

PEREIRA, César A. Guimarães. *Elisão Tributária e Função Administrativa*. São Paulo, Dialética, 2001.

PÉREZ DE AYALA, José Luis. *Las Ficciones en el Derecho Tributario*. Madri, Editorial de Derecho Financiero, 1970.

PISTONE, Pasquale. *Abuso del Diritto ed Elusione Fiscale*. Pádua, CEDAM, 1995.

PONTES DE MIRANDA, F. C. *Comentários à Constituição de 1967*. t. I. São Paulo, Ed. RT, 1967.

PRATA, Ana. *Dicionário Jurídico*. 3ª ed. Coimbra, Livraria Almedina, 1990.

PRATES, Renato Martins. *Interpretação Tributária e a Questão da Evasão Fiscal*. Belo Horizonte, Del Rey, 1992.

QUEIROZ, Mary Elbe. "A elisão e a evasão fiscal: o planejamento tributário e a desconsideração de atos, negócios e personalidade jurídica". In: QUEIROZ,

Mary Elbe, e TÔRRES, Heleno Taveira (coords.). *Desconsideração da Personalidade Jurídica em Matéria Tributária*. São Paulo, Quartier Latin, 2005.

________, e TÔRRES, Heleno Taveira (coords.). *Desconsideração da Personalidade Jurídica em Matéria Tributária*. São Paulo, Quartier Latin, 2005.

QUEZADO, Paulo, e LIMA, Rogério. *Sigilo Bancário*. São Paulo, Dialética, 2002.

RADBRUCH, Gustav. *Filosofia do Direito*. 5ª ed. Coimbra, Arménio Amado Editor, 1974.

ROCHA, José de Albuquerque. *Teoria Geral do Processo*. 6ª ed. São Paulo, Malheiros Editores, 2002.

ROCHA, Valdir de Oliveira. *Determinação do Montante do Tributo*. 2ª ed. São Paulo, Dialética, 1995.

________ (coord.). *O Planejamento Tributário e a Lei Complementar 104*. São Paulo, Dialética, 2001.

________. *Planejamento Fiscal – Teoria e Prática* (Estudos de 6 Autores). São Paulo, Dialética, 1995; 2º vol. (Estudos de 11 Autores). São Paulo, Dialética, 1998.

ROLIM, João Dácio. *Normas Antielisivas Tributárias*. São Paulo, Dialética, 2001.

ROSEMBUJ, Tulio. *El Fraude de Lei, la Simulación y el Abuso de las Formas en el Derecho Tributario*. Madri/Barcelona. Marcial Pons, 1999.

ROULAND, Norbert. *Nos Confins do Direito*. Trad. de Maria Ermantina de Almeida Prado Galvão. São Paulo, Martins Fontes, 2003.

SAMPAIO DÓRIA, Antônio Roberto. *Elisão e Evasão Fiscal*. São Paulo, Lael, 1971.

SCHOUERI, Luís Eduardo. *Planejamento Fiscal Através de Acordos de Bitributação – **Treaty Shopping***. São Paulo, Ed. RT, 1995.

________. "Planejamento tributário: limites à norma antiabuso". *Direito Tributário Atual* 24. São Paulo, IBDT/Dialética, 2010.

________ (coord.). *Planejamento Tributário e o "Propósito Negocial"*. São Paulo, Quartier Latin, 2010.

SILVA, De Plácido e. *Vocabulário Jurídico*. vol. III. Rio de Janeiro, Forense, 1987; vol. IV. Rio de Janeiro, Forense, 1987.

SILVA, Virgílio Afonso da. "Princípios e regras: mitos e equívocos acerca de uma distinção". *Revista Latino-Americana de Estudos Constitucionais* 1/607-630. Belo Horizonte, Del Rey, 2003.

SOUSA, Hamilton Dias de. *Estrutura do Imposto de Importação no Código Tributário Nacional*. São Paulo, Resenha Tributária, 1980.

SOUSA, Rubens Gomes de, ATALIBA, Geraldo, e CARVALHO, Paulo de Barros. *Comentários ao Código Tributário Nacional*. São Paulo, EDUC/ Ed. RT, 1975.

TENÓRIO, Igor, e MAIA, José Motta. *Dicionário de Direito Tributário*. 2ª ed. Rio de Janeiro, Forense, 1996.

TÔRRES, Heleno Taveira, e QUEIROZ, Mary Elbe (coords.). *Desconsideração da Personalidade Jurídica em Matéria Tributária*. São Paulo, Quartier Latin, 2005.

VASCONCELOS, Arnaldo. *Teoria da Norma Jurídica*. 6ª ed. São Paulo, Malheiros Editores, 2006.

VAZ, Carlos. *Evasão Tributária*. Rio de Janeiro, Forense, 1987.

XAVIER, Alberto. *Do Lançamento – Teoria Geral do Ato, do Procedimento e do Processo Tributário*. 2ª ed. Rio de Janeiro, Forense, 1997.

________. *Do Lançamento no Direito Tributário Brasileiro*. São Paulo, Resenha Tributária, 1977.

________. *Os Princípios da Legalidade e da Tipicidade da Tributação*. São Paulo, Ed. RT, 1978.

________. *Tipicidade da Tributação, Simulação e Norma Antielisão*. São Paulo, Dialética, 2001.

YAMASHITA, Douglas (coord.). *Planejamento Tributário à Luz da Jurisprudência*. São Paulo, Lex, 2007.

ZAVASCKI, Teori Albino. "O Ministério Público e a defesa de direitos individuais homogêneos". *Revista Jurídica* 189. Porto Alegre, Síntese.

## *ANEXO*

### *Normas advindas da Reforma Tributária que guardam relação com o planejamento tributário*

### Emenda Constitucional nº 132, de dezembro de 2023

A Emenda Constitucional nº 132/23 trouxe importantes mudanças na tributação do consumo em nosso país, valendo aqui destacar aquelas que de algum modo se relacionam com o planejamento tributário.

É o caso do artigo 156-A, que prevê a possibilidade de instituição do imposto sobre bens e serviços, estabelecendo que:

> **Art. 156-A**. Lei complementar instituirá imposto sobre bens e serviços de competência compartilhada entre Estados, Distrito Federal e Municípios.
>
> **§ 1º** O imposto previsto no **caput** será informado pelo princípio da neutralidade e atenderá ao seguinte:
>
> I – incidirá sobre operações com bens materiais ou imateriais, inclusive direitos, ou com serviços;
>
> (...)
>
> **§ 8º** Para fins do disposto neste artigo, a lei complementar de que trata o **caput** poderá estabelecer o conceito de operações com serviços, seu conteúdo e alcance, admitida essa definição para qualquer operação que não seja classificada como operação com bens materiais ou imateriais, inclusive direitos. (Incluído pela Emenda Constitucional nº 132, de 2023)

Esse dispositivo traz norma que pode ser lida da seguinte maneira: *Lei complementar instituirá imposto sobre bens e serviços que incidirá sobre operações com bens materiais ou imateriais, inclusive direitos, ou com serviços e o legislador complementar poderá definir como opera-*

*ções com serviços qualquer operação que não seja classificada como operação com bens materiais ou imateriais, inclusive direitos.*

As regras que definem o *âmbito constitucional* de cada tributo, indicando até onde pode ir o legislador de cada ente federado ao traçar as respectivas hipóteses de incidências, estabelecem importantes limites ao poder de tributar e delineiam um espaço para o planejamento tributário, como ocorre, por exemplo, com a locação de bens móveis, que não está sujeita à incidência do ISS e nem do ICMS.

O art. 156-A busca superar de vez esses tradicionais limites, definindo a realidade econômica que poderá vir a ser abarcada pelo IBS como sendo as operações com bens, materiais e imateriais, inclusive direitos e sobre serviços, podendo o legislador complementar considerar como serviço tudo o que não for bem material ou imaterial, ou direito, atingindo até as operações não onerosas. Ou seja, *tudo* pode ser alcançado pelo novo imposto.

Neste livro, Hugo Machado pontua que "*as definições de hipóteses de incidência em geral são, atualmente, dotadas do propósito de afastar o planejamento tributário. Por isso mesmo temos imposto sobre circulação de mercadorias, e não um imposto cujo fato gerador seja a compra e venda mercantil. Temos imposto sobre a transmissão de bens imóveis, e não imposto sobre a compra e venda de imóveis – e assim por diante.*"[1] Todavia, é a primeira vez que a competência tributária é conferida de maneira tão ampla e abrangente, desconsiderando outras já atribuídas pelo texto constitucional, o que resultará no aumento da arrecadação e poderá aprofundar os conflitos de competência entre os entes tributantes.

A mudança é tão forte que abala os fundamentos até então colocados pela doutrina para definir e repartir as competências tributárias, esvaziando de sentido e razão o inciso I, do art. 154 da CF/1988, que assim dispõe:

> **Art. 154**. A União poderá instituir:
>
> **I** – mediante lei complementar, impostos não previstos no artigo anterior, desde que sejam não-cumulativos e não tenham fato gerador ou base de cálculo próprios dos discriminados nesta Constituição;

O amplíssimo âmbito de incidência do IBS revoga o mencionado inciso I, do art. 154, na medida em que não há mais espaço para *fato gerador* que seja diferente de *operação com qualquer coisa.*

1. Trecho extraído do terceiro parágrafo da pág. 127 deste livro.

O mesmo artigo 156-A traz outro ponto digno de nota nos apontamentos de planejamento tributário, tratando a não cumulatividade do IBS da seguinte maneira:

> **Art. 156-A**. Lei complementar instituirá imposto sobre bens e serviços de competência compartilhada entre Estados, Distrito Federal e Municípios.
>
> **§ 1º** O imposto previsto no **caput** será informado pelo princípio da neutralidade e atenderá ao seguinte:
>
> (...)
>
> **VIII** – será não cumulativo, compensando-se o imposto devido pelo contribuinte com o montante cobrado sobre todas as operações nas quais seja adquirente de bem material ou imaterial, inclusive direito, ou de serviço, excetuadas exclusivamente as consideradas de uso ou consumo pessoal especificadas em lei complementar e as hipóteses previstas nesta Constituição;

É excepcionado da norma geral de compensação do imposto devido pelo contribuinte com aquele cobrado nas operações anteriores, o montante relativo às operações de aquisição *consideradas como de uso ou consumo pessoal*.

Em evento realizado pelo CARF em conjunto com a Secretaria de Fazenda do Ceará, foi apresentado e debatido o texto da PEC 45, que já trazia a mencionada exceção à não cumulatividade. Na oportunidade, alertamos que, como estava, com a proibição de crédito nas aquisições de bens e serviços de uso pessoal, a norma nega a não cumulatividade ampla e potencializa os conflitos que decorrem naturalmente da apuração de um imposto não cumulativo. É razão suficiente para ser evitada.

O conferencista, diretor de Programa da Secretaria Extraordinária da Reforma Tributária, Manoel Nazareno Procópio, disse então que a tal exceção ao aproveitamento de créditos se justificaria diante do intuito de se impedir que pessoas físicas concentrem o consumo de bens e serviços para seu uso pessoal nas pessoas jurídicas das quais participem e que poderiam usufruir do crédito oriundo dessas aquisições, em detrimento de grande parte da sociedade composta pelas demais pessoas físicas consumidoras desses mesmos bens e serviços e que não teriam o benefício do crédito. Nas suas palavras: "consumo não pode dar direito a crédito." Deu como exemplo o IVA europeu, onde há caso envolvendo piloto de *fórmula 1* que concentra todas as suas aquisições de bens e direitos em uma pessoa jurídica, aproveitando todo o crédito daí resultante, situação que, segundo Procópio, no Brasil precisa ser evitada.[2]

A justificativa colocada por Manuel Procópio parte da ideia que orienta as normas *antielisivas:* evitar o planejamento tributário daqueles que pudessem vir a comprar seus bens e serviços de uso e consumo pessoal através de pessoas jurídicas.

Aqueles que se preocupam apenas em evitar essa possível elisão não levam em conta que os bens e serviços adquiridos por pessoas jurídicas, inclusive aqueles eventualmente usados e consumidos diretamente por seus sócios pessoas físicas, foram tributados pelo IBS quando adquiridos, e os recursos utilizados pela empresa para comprá-los são oriundos de suas vendas, igualmente tributadas pelo IBS.

Igualmente não consideram o fato de o valor dos bens e serviços que venham a ser usados pelos sócios das empresas ser residual e insignificante em comparação com o montante da base de incidência do IBS, ao mesmo tempo em que a proibição da *elisão* que decorreria do uso desse crédito provocará muitos conflitos da disputa sobre o que deve ser entendido por: *bem e serviço de consumo pessoal.*

E mais, esquecem que já havia – e há – uma forma adequada para se evitar o crédito decorrente da compra de bem por pessoa jurídica destinado ao uso pessoal de pessoa física. Está na LC/1996 e determina o estorno do crédito sempre que a mercadoria que entrou no estabelecimento vier a ser utilizada em finalidade alheia à sua atividade **(art. 21, III)**.

A referida norma *antielisiva* poderá, ainda, ser alargada com a negativa de créditos decorrentes de aquisição de bens e serviços, que, mesmo não sendo de uso pessoal, venham a assim ser considerados pela legislação infraconstitucional e pelos agentes do fisco, como ocorre com muita frequência na apuração do ICMS, onde créditos são negados a partir da indevida classificação de insumos como bens de uso e consumo do estabelecimento.

Mesmo diante de todas essas ressalvas, prevaleceu o medo com a perda de arrecadação e a EC nº 132 acolheu em seu texto a norma como já estava na PEC 45, com o firme propósito antielisivo.

---

2. Evento promovido pela Secretaria da Fazenda do Ceará e o Conselho Administrativo de recursos Fiscais (CARF) – com palestra do Diretor de Programa da Secretaria Extraordinária da Reforma Tributária, Manoel Nazareno Procópio, com o tema: "As mudanças propostas pela Reforma Tributária" – seguida de debates, na sede da FIEC, em Fortaleza-Ce, em 29 de novembro de 2023 – Pode ser vista no link: https://www.youtube.com/live/ncghMH_hiV0.

## A Lei Complementar nº 214, de 16 de janeiro de 2025

### Âmbito de incidência do IBS

Diante do *âmbito infinito* que a Constituição traçou para a possibilidade de incidência do IBS, o legislador inverteu o raciocínio lógico desenvolvido pela doutrina e que até aqui orientou o aplicador da lei, segundo o qual os fatos não previstos como hipótese de incidência são típicos casos de não incidência da norma de tributação. Agora, como tudo está sujeito à incidência do IBS, apenas o que estiver dito na lei como hipótese de não incidência estará fora do alcance desse imposto. Ou seja, na dúvida, se não houver lei afastando, o tributo é devido!

Perseguindo essa ideia, a LC 214/2025 primeiro ocupa o amplo espaço deixado pelo art. 156-A da CF/1988 e explicita que tudo passa a sofrer a incidência do IBS, como se vê no seu art. 3º, inciso I, "a" e "b", para depois indicar, no seu art. 6º, as situações nas quais não incide o imposto, acabando com o elemento de distinção entre a *não incidência* e a isenção.

### Bens e serviços de uso pessoal

Voltamos aqui a tratar da vedação de aproveitamento dos créditos decorrentes das aquisições de *bem ou serviço de uso pessoal,* agora nos moldes previstos na Lei Complementar nº 214/2025, que regula a matéria da seguinte forma:

> **Seção XIII**
>
> **Dos Bens e Serviços de Uso ou Consumo Pessoal**
>
> Art. 57. Consideram-se de uso ou consumo pessoal:
>
> I – os seguintes bens e serviços:
>
> a) joias, pedras e metais preciosos;
>
> b) obras de arte e antiguidades de valor histórico ou arqueológico;
>
> c) bebidas alcoólicas;
>
> d) derivados do tabaco;
>
> e) armas e munições;
>
> f) bens e serviços recreativos, esportivos e estéticos;
>
> II – os bens e serviços adquiridos ou produzidos pelo contribuinte e fornecidos de forma não onerosa ou a valor inferior ao de mercado para:
>
> a) o próprio contribuinte, quando este for pessoa física;

b) as pessoas físicas que sejam sócios, acionistas, administradores e membros de conselhos de administração e fiscal e comitês de assessoramento do conselho de administração do contribuinte previstos em lei;

c) os empregados dos contribuintes de que tratam as alíneas "a" e "b" deste inciso; e

d) os cônjuges, companheiros ou parentes, consanguíneos ou afins, até o terceiro grau, das pessoas físicas referidas nas alíneas "a", "b" e "c" deste inciso.

§ 1º Para fins do inciso II do *caput* deste artigo, consideram-se bens e serviços de uso ou consumo pessoal, entre outros:

I – bem imóvel residencial e os demais bens e serviços relacionados à sua aquisição e manutenção; e

II – veículo e os demais bens e serviços relacionados à sua aquisição e manutenção, inclusive seguro e combustível.

§ 2º No caso de sociedade que tenha como atividade principal a gestão de bens das pessoas físicas referidas no inciso II do *caput* deste artigo e dos ativos financeiros dessas pessoas físicas (*family office*), os bens e serviços relacionados à gestão serão considerados de uso e consumo pessoal.

§ 3º Não se consideram bens e serviços de uso ou consumo pessoal aqueles utilizados preponderantemente na atividade econômica do contribuinte, de acordo com os seguintes critérios:

I – os bens previstos nas alíneas "a" a "d" do inciso I do *caput* deste artigo que sejam comercializados ou utilizados para a fabricação de bens a serem comercializados;

II – os bens previstos na alínea "e" do inciso I do *caput* deste artigo que cumpram o disposto no inciso I deste parágrafo ou sejam utilizados por empresas de segurança;

III – os bens previstos na alínea "f" do inciso I do *caput* deste artigo que cumpram o disposto no inciso I deste parágrafo ou sejam utilizados exclusivamente em estabelecimento físico pelos seus clientes;

IV – os bens e serviços previstos no inciso II do *caput* deste artigo que consistam em:

a) uniformes e fardamentos;

b) equipamentos de proteção individual;

c) alimentação e bebida não alcoólica disponibilizada no estabelecimento do contribuinte para seus empregados e administradores durante a jornada de trabalho;

d) serviços de saúde disponibilizados no estabelecimento do contribuinte para seus empregados e administradores durante a jornada de trabalho;

e) serviços de creche disponibilizados no estabelecimento do contribuinte para seus empregados e administradores durante a jornada de trabalho;

f) serviços de planos de assistência à saúde e de fornecimento de vale-transporte, de vale-refeição e vale-alimentação destinados a empregados e seus dependentes em decorrência de acordo ou convenção coletiva de trabalho, sendo os créditos na aquisição desses serviços equivalentes aos respectivos débitos do fornecedor apurados e extintos de acordo com o disposto nos regimes específicos de planos de assistência à saúde e de serviços financeiros;

g) benefícios educacionais a seus empregados e dependentes em decorrência de acordo ou convenção coletiva de trabalho, inclusive mediante concessão de bolsas de estudo ou de descontos na contraprestação, desde que esses benefícios sejam oferecidos a todos os empregados, autorizada a diferenciação em favor dos empregados de menor renda ou com maior núcleo familiar; e

V – outros bens e serviços que obedeçam a critérios estabelecidos no regulamento.

§ 4º Os bens e serviços que não estejam relacionados ao desenvolvimento de atividade econômica por pessoa física caracterizada como contribuinte do regime regular serão consideradas de uso ou consumo pessoal.

§ 5º Em relação aos bens e serviços de uso ou consumo pessoal de que trata este artigo, fica vedada a apropriação de créditos.

§ 6º Caso tenha havido a apropriação de créditos na aquisição de bens ou serviços de uso ou consumo pessoal, serão exigidos débitos em valores equivalentes aos dos créditos, com os acréscimos legais de que trata o § 2º do art. 29, calculados desde a data da apropriação.

§ 7º Na hipótese de fornecimento de bem do contribuinte para utilização temporária pelas pessoas físicas de que trata o inciso II do *caput* deste artigo, serão exigidos débitos em valores equivalentes aos dos créditos, calculados proporcionalmente ao tempo de vida útil do bem em relação ao tempo utilizado pelo contribuinte, com os acréscimos legais de que trata o § 2º do art. 29, na forma do regulamento.

§ 8º O regulamento disporá sobre a forma de identificação da pessoa física destinatária dos bens e serviços de que trata este artigo.

O art. 57, da LC 214/2025, acima transcrito, faz expressa referência a cada *bem* e *serviço* que deve ser considerado como de uso pessoal e não dá a devida importância ao *uso* efetivo desses bens e serviços, que passa a ser presumido como *pessoal.* Esse tratamento altera a regra constitucional matriz, segundo a qual apenas a operação de *uso* ou *consumo* pessoal do bem ou serviço pode ser separada das operações que conferem direito ao crédito do imposto. Tal dispositivo da LC 214/2025, portanto, é de validade duvidosa.

A indicação de determinados bens como de *uso pessoal* também suscita outros questionamentos. Por exemplo, o que leva uma obra de arte a ser *objetivamente* identificada como bem de uso pessoal, quando na verdade é insumo se adquirida por uma empresa para decorar espaço corporativo, distrair e encantar seus clientes, ou pode ainda ser um investimento no mercado de arte. A obra de arte – assim como qualquer outro bem ou serviço – deve ser considerada a partir do seu uso dentro do contexto da empresa. A norma constitucional e a lógica comum exigem que um bem de uso e consumo pessoal seja identificado a partir do seu uso. É o uso que o distingue daquele ligado à atividade empresarial. Não pode ser diferente.

Depois de estabelecer que determinados bens terão o uso pessoal presumido, a LC 214 passou a indicar as situações em que tais bens não deveriam ser considerados de uso e consumo pessoal (§ 3º, do art. 57), criando situação parecida com aquela relativa à incidência do imposto. Os bens referidos no art. 57 serão sempre considerados de uso ou consumo pessoal e não geram crédito, salvo se a lei disser o contrário.

Em síntese, a introdução do conceito de "*bem de uso e consumo pessoal*" no regime jurídico do IBS amputa parte significativa da não cumulatividade, gera incertezas, confere muita complexidade e acarreta grave insegurança jurídica. Tudo a pretexto de evitar a elisão que poderia decorrer do planejamento tributário efetuado por alguns contribuintes que adquirissem seus bens e serviços pessoais através de pessoas jurídicas das quais participem.

## Outras normas *antielisivas* contidas na LC 214/2025

Vale referir, ainda, os artigos 4º e 6 º da LC 214/2025, que de alguma forma refletem no ambiente de planejamento tributário:

> **Art. 4º** – O IBS e a CBS incidem sobre operações onerosas com bens ou com serviços.
>
> **§ 1º** As operações não onerosas com bens ou com serviços serão tributadas nas hipóteses expressamente previstas nesta Lei Complementar.
>
> (...)
>
> **§ 3º** São irrelevantes para a caracterização das operações de que trata este artigo:
>
> I – o título jurídico pelo qual o bem encontra-se na posse do fornecedor;
>
> II – a espécie, tipo ou forma jurídica, a validade jurídica e os efeitos dos atos ou negócios jurídicos;
>
> III – a obtenção de lucro com a operação; e

IV – o cumprimento de exigências legais, regulamentares ou administrativas.

..................................

**Art. 6º** O IBS e a CBS não incidem sobre:

(...)

**§ 1º** O IBS e a CBS incidem sobre o conjunto de atos ou negócios jurídicos envolvendo as hipóteses previstas nos incisos III a VII do caput deste artigo que constituam, na essência, operação onerosa com bem ou com serviço.

Tais dispositivos consideram irrelevantes para caracterizar a operação sujeita à incidência do IBS, o seu *título jurídico*, a sua *espécie*, *tipo* ou *forma jurídica*, e a *validade jurídica* e os *efeitos dos atos ou negócios jurídicos* que a motivem, ao mesmo tempo em que colocam a *essência* da operação *onerosa* com bens e serviços como definidora dessa incidência. Ao priorizar a "essência" em detrimento da "forma", a lei deixa evidente o propósito *antielisivo* de que o IBS venha a incidir *sobre todas as coisas*.

* * *

EDITORA *Jus*PODIVM
MALHEIROS EDITORES
www.editorajuspodivm.com.br

RENOVA GRAF
www.renovagraf.com.br

JMA0126